Verzeichniß und Erklärung

amerikanischer

historischer, geographischer und

politischer

Bei-, Spitz- und Spott-Namen.

(Surnames and Nicknames.)

Bearbeitet von

W. Mussehl,

Lehrer der alten und neueren Sprachen.

Hoboken, N. J.

Druck und Verlag von H. D. Gerdts, Herausgeber des „Hudson County Journal", 84 Washington Str.

1869.

Vorwort.

Die Ausdrucksweise, d. h. die Art und Weise, wie die Gedanken in Worte gekleidet werden, ist bei verschiedenen Nationen verschieden. Im Allgemeinen liebt es der Orientale, auf dessen Redeweise die Phantasie einen ebenso großen Einfluß ausübt, als der Verstand, sich in bilder- oder blumenreicher Sprache auszudrücken und darin zu erzählen. Ihm ist die Wüste ein Sandmeer, das Kameel ein Schiff der Wüste, die Jungfrau eine Gazelle, der Ehestand ein Rosengarten u. s. w. Der Occidentale, dessen Ausdrucksweise der Verstand fast ausschließlich bedingt, drückt seine Gedanken in der logischen Form der Begriffe und Urtheile aus und überläßt es der dichterischen Schreib- und Redeweise, dem höheren, rhetorischen Style, von Bildern und Blumen Gebrauch zu machen. Dabei hat er aber die weitverbreitete, meistens humoristische Gewohnheit, die Personen und Dinge nicht direkt bei ihrem Namen zu nennen, sondern sie durch Beinamen, Spitz- oder Spottnamen zu bezeichnen, die theils von historischen Thatsachen, theils von eigenthümlichen und auffallenden Eigenschaften und Gewohnheiten, theils von Zufälligkeiten oder witzigen Vergleichungen hergenommen und abgeleitet sind.

Obgleich man dergleichen Namen auch häufig in Schriften gebraucht findet, so kommen sie doch hauptsächlich in der Volkssprache oder in populärer Redeweise vor. Der Deutsche nennt gewisse

Personen: Geißel Gottes, Statthalter Christi, Finkler, Marschall Vorwärts; gewisse Nationalitäten: Mynherrs, Parlezvous, Goddams, Stieglitzenfänger, Büffelsköpfe, Mausefallenhändler; gewisse Thiere: Reinecke, Martinchen, Langbein, Brachvogel, und besonders in der Studentensprache giebt es viele Ausdrücke dieser Art, wie: Bursche, Philister, Knote, Besen, Schwung, Pennal, Backfisch.

Die Engländer haben von jeher viele Nicknames gebraucht, und diese Gewohnheit hat sich auch nach Amerika verpflanzt und hier einen sehr fruchtbaren Boden gefunden, so daß eine Menge eigenthümlich-amerikanischer Ausdrücke dieser Art hier aufgekommen ist. Der Ausländer lernt dieselben erst nach und nach verstehen, und doch ist das Verständniß derselben für ihn durchaus nothwendig, wenn er nicht über Manches, das er hört oder liest, im Dunkeln bleiben will. Dem Denkenden ist es aber nicht genügend, dergleichen Namen und Ausdrücke im Gedächtnisse aufzubewahren; er will ihren Ursprung, ihre Beziehung ebensowohl, als ihre Bedeutung kennen.

Es ist daher im Nachstehenden eine Sammlung der am häufigsten vorkommenden englischen Ausdrücke und Namen der beregten Art zusammengestellt und mit ihrer Bedeutung auch zugleich ihr Ursprung, so weit dies möglich war, angegeben und erläutert worden. Der Leser dürfte dadurch manchen interessanten Aufschluß erhalten und dieses kleine Lexikon, dessen Artikel unter verschiedenen Rubriken alphabetisch geordnet sind, gerne in seine Bibliothek aufnehmen.

Verzeichniß und Erklärung
amerikanischer
Spitz- und Spottnamen.

I.

Nationen, Racen und Regierungen.

AMERICA, Young, Jung-Amerika, ist ein populärer Kollektivname für die Jugend der Vereinigten Staaten. Gewöhnlich wird der Ausdruck im engeren Sinne gebraucht, als eine Personifikation der im öffentlichen Auftreten der amerikanischen Jugend besonders hervortretenden charakteristischen Eigenschaften. Diese bezeichnet J. G. Holland treffend, indem er sagt: „Das sogenannte Jung-Amerika besteht aus ziemlich gleichen Theilen von Unehrerbietigkeit, Eigendünkel und derjenigen moralischen Eigenschaft, welche in volksthümlicher Sprache brass (Unverschämtheit) genannt wird."

BEAR, The Northern, der nordische Bär, wird die russische Regierung, der Czar oder Rußland genannt. Der „Christian Examiner" sagte z. B.: „Unsererseits glauben wir, daß bei der Feststellung der Friedens-

Bedingungen er (der französische Kaiser) ebenso wenig, wie sein Verbündeter, Lust verspürte, dem nordischen Bären die Krallen zu beschneiden.—Siehe Ivan Ivanowitch.

BONHOMME, Jacques, Jacob Gutmann—englisch Jack oder James Goodman, ist ein Spitzname, den die französischen Barone des 14ten Jahrhunderts den französischen Bauern gaben. Die Insurrektion, welche unter dem Namen „die Jackerie" bekannt ist, erhielt diesen Namen, weil die englischen Geschichtsschreiber glaubten, ein gewisser James Goodman sei der Anführer gewesen.—S. Johnny Crapaud, Robert Macaire.

BONO JOHNNY ist ein Spitzname womit die Engländer im Osten häufig bezeichnet werden.—S. John Bull.

BROTHER JONATHAN, Bruder Jonathan, heißen die Anglo-Amerikaner als Volk der Vereinigten Staaten. Bruder Jonathan ist eine lange Figur mit breitkrämpigem Hute und Regenschirm. Dieser Name hat folgenden Ursprung:—Als General Washington im Revolutions-Kriege zum Ober-Feldherrn ernannt worden war, ging er nach Massachusets, um die Armee zu organisiren und die Vorbereitungen zur Vertheidigung des Landes zu treffen. Es fehlte jedoch an Munition und vielem Andern, das nöthig war, dem mächtigen Feinde zu begegnen, und daher hatte es für den General große Schwierigkeiten, die Kriegsbedürfnisse herbeizuschaffen. Wäre er damals angegriffen worden, so wäre die Sache der Freiheit verloren gewesen. In dieser gefährlichen Lage wurde eine Berathung zwischen Offizieren und Patrioten gehalten, und es schien sich zu ergeben, daß man das Nothwendige unmöglich beschaffen könne. Damals war nun Jonathan Trumbull, der Aeltere, Gouverneur von Connecticut, und Washington, der ihn als eifrigen Patrioten kannte und das größte Vertrauen auf seine Einsicht und Energie setzte, bemerkte daher: „Wir müssen uns in dieser Angelegenheit an Bruder Jonathan wenden." Dies geschah, und dem Gouverneur Jonathan Trumbull wurde es möglich, viele Bedürfnisse des Heeres zu befriedigen, was die Truppen dankbar im Gedächtniß behielten. Wenn später, als die Armee im Lande vertheilt war, Schwierigkeiten und Verlegenheiten sich einstellten, wurde sprichwörtlich gesagt: „Wir müssen uns an Bruder Jonathan wenden." Der Ursprung dieser Redensart wurde vergessen, und nach und nach wurde „Bruder Jonathan" Bezeichnung der Anglo-Amerikaner oder nationaler Spitzname des Volkes der Vereinigten Staaten.—S. Yankee, Uncle Sam.

BULL, John, Jan Bull, Hans Stier, ist der Spottname der Engländer. Dieser

Name kömmt zuerst in Arbuthnot's Satyre „Geschichte John Bull's" vor. In derselben werden die Franzosen Lewis Baboon (Louis Pavian), womit zunächst Louis XIV. gemeint war, und die Holländer Nicholas Frog (Niklas Frosch) genannt. Die „Geschichte John Bull's" war zunächst eine gegen den Herzog von Marlborough gerichtete Satyre. — Washington Irving sagt: „Man sollte glauben, daß eine Nation, die sich selbst personifizirt, ein Bild aus großen, heroischen, imposanten Zügen entwerfen werde; allein es ist charakteristisch für den eigenthümlichen Humor der Engländer und ihre Vorliebe für das Derbe, Komische und Familiäre, daß sie ihre nationalen Sonderbarkeiten verkörpert haben in der Figur eines handfesten, korpulenten Burschen mit dreieckigem Hute, rother Weste, Lederhosen und dickem, eichenen Prügel. So haben sie sich offenbar darin gefallen, ihre eigenen Schwächen lächerlich zu machen, und die Zeichnung derselben ist ihnen so wohl gelungen, daß kaum ein wirklich existirendes Wesen in dem öffentlichen Bewußtsein heimischer ist, als jene excentrische Figur John Bull's. — S. Redcoats, Godam.

CHINAMAN, John, Hans Chinamann, ist ein ordinärer, häufig vorkommender Spitzname der Chinesen. Man findet jedoch diesen Namen in der englischen Literatur erst seit 1819, zuerst in "A letter to the Committee of Management of Drury Lane Theatre," p. 64.

CONTRABAND, Kontrabande, (vom mittelalterlichen Latein contra bannum, gegen eine öffentliche Verkündigung), sind im Allgemeinen verbotene Waaren und der Handel mit denselben; im Kriege im Besonderen solche Waaren, welche Neutrale den kriegführenden Parteien, nach dem Völkerrechte, nicht zuführen dürfen, und die in solchem Falle der Konfiskation unterworfen sind. Mit diesem Worte wurden während des letzten Krieges die flüchtigen Sklaven der südlichen Plantagenbesitzer benannt. — Dem Rebellen-Obersten Mallory waren einige Sklaven entlaufen. Er ging mit einer Parlamentär-Flagge nach Fortreß Monroe und forderte vom General Butler, unter Beziehung auf das Fugitive Slave Law die Auslieferung seiner „Diener." Butler sagte: „Oberst, behaupten Sie nicht, daß Sklaven Eigenthum sind? und daß Virginia nicht mehr ein Theil der Vereinigten Staaten ist?" — „Ja wohl, mein Herr!"—„Sie sind Rechtsgelehrter, Oberst, und ich frage Sie, ob Sie das Fugitive Slave Law für bindend für eine fremde Nation halten? Und wenn eine fremde Nation diese Art von Eigenthum benutzt, um das Leben und Eigenthum von Bürgern der Vereinigten Staaten zu zerstören, ob dann diese Art von Eigenthum nicht als „Kontrabande" zu betrachten ist?" — Das war der Ursprung der Bezeichnung flüchtiger Sklaven mit dem Namen

Contraband, welche auf einmal allgemein wurde. — S. Cuffey, Darkey, Moke und Sambo.

CRAPAUD, Johnny, Hans Kröte, ist bei den Engländern der Spitzname der Franzosen, theils zur Bezeichnung einer einzelnen Person, theils als Kollektivname der französischen Nation. — Ueber den Ursprung dieses Namens wird in „Seward's Anecdotes" gesagt: „Als die Franzosen die Stadt Aras unter Louis XIV. von den Spaniern nach langer und verzweifelter Belagerung eroberten, wurde daran erinnert, daß Nostradamus gesagt habe: " Les anciens crapauds prendront Sara" (die alten Kröten werden Sara nehmen). Dieser Ausspruch wurde auf jenes Ereigniß in sonderbarer Weise gedeutet, indem „Sara" rückwärts gelesen Aras wird. Unter den alten Kröten wurden die Franzosen verstanden, weil diese Nation in früheren Zeiten in ihrem Wappen drei dieser verhaßten Reptile, anstatt der heutigen drei Lilien, führte." — Man findet in „Ellicot's Horæ Apocalypticæ" (Band 4, Seite 64, Ausgabe von 1847) eine ausführliche Darlegung der Gründe für die Annahme, daß das alte Wappen Frankreichs drei Kröten oder drei Frösche enthielt. — S. Jacques Bonhomme, Robert Macaire.

COOLY, Coolies, der Kuli, die Kulis. Diese sind in Ostindien Lastträger, insbesondere Arbeiter, die von Indien oder China zum

Dienste in einem anderen Lande ausgeführt werden. Das Wort ist nicht chinesischen, sondern bengalischen Ursprunges. Die Bewohner der Küstenstädte Ostindiens bezeichnen damit in ihrer Mischsprache eine gewisse Klasse von Arbeitern, die von der Bevölkerung im Allgemeinen zurückgezogen lebt.

CUFFEE, oder Cuffy ist ein Spottname der Neger. Das Wort soll afrikanischen Ursprungs sein und einen Eigennamen unter den Negern bilden. In „Putnam's Magazine" wurde gesagt: „Afrika allein unter allen Nationen — obgleich auch die Türkei sich dahin neigt — findet in der Fettheit ein Kennzeichen der Schönheit. Cuffee wird jedoch von der übrigen Welt nicht als arbiter elegantiarum (Schiedsrichter in Schönheitssachen) anerkannt. — S. Sambo.

DARKEY, Darkies, von dark, dunkel, schwärzlich, ist ein pöbelhafter Ausdruck für negro, der Neger, oder colored people, Farbige.

DUTCH, Dutchmen, The, ist Spottname der Deutschen. — Dutch (plattdeutsch dütsch, hochdeutsch deutsch, angelsächsisch theodisc) wurde in früheren Zeiten selbst von guten Schriftstellern für German gebraucht; in den Vereinigten Staaten geschieht dies noch jetzt, aber entweder aus Unwissenheit oder in verächtlichem Sinne. Jeder Gebildete weiß, daß mit dem englischen The Dutch oder Dutchmen die Holländer benannt werden, auf welche die Engländer, die von den Holländern in den Seekriegen zwischen beiden Nationen oft geklopft wurden, einen starken Nationalhaß geworfen hatten, so daß mit dem Worte Dutch oder Dutchmen, wenn er in pöbelhafter amerikanischer Redeweise zur Bezeichnung der Deutschen gebraucht wird, noch jetzt sich etwas Gehässiges verbindet.

FROG, Nick, oder Nicholas, Niklas oder Klas Frosch. Mit diesem Spottnamen werden die Holländer benannt, und der Name, der offenbar eine Anspielung auf ihr niedriges, von Kanälen durchzogenes und durch Deiche gegen Ueberschwemmung geschütztes Land ist, wurde den Holländern zuerst durch Arbuthnot in seiner Satyre „Geschichte John Bull's" beigelegt.

GODAM, oder Godon, ist der Spitzname, welchen die Franzosen den Engländern beilegen. Dieser von dem nationalen Schwurworte der Engländer entlehnte Name war lange im Gebrauche, und man hört noch jetzt dieselben spottweise Godams nennen. Sharon Turner bemerkt: „In dem Prozesse der Johanna d'Arc hatte ein französischer Zeuge, Namens Collette, den Namen Godon gebraucht. Auf die Frage, wer Godon sei? antwortete er: Es sei dies nicht der Name einer einzelnen Person, sondern ein den Engländern gegebener Spitzname, weil sie unaufhörlich den Ausruf God damn it gebrauchten."

IVAN IVANOWITCH werden die Russen genannt, und der Ivan Ivanowitch, als Verkörperung der nationalen Eigenschaften der Russen, ist ein roher, träger, bärtiger, gutmüthiger Bursche, der ein großer Freund von gebrannten Wassern ist. — S. The Northern Bear,

MACAIRE, Robert, ist der Name des Helden in zwei französischen Dramen, nämlich im "Chien de Montargis" und im "Chien d'Aubry." Mit diesem Namen wurde zunächst ein verwegener Verbrecher benannt, eine Lieblingsrolle in vielen französischen Theaterstücken. Später wurde dieser Name gebraucht, um das französische Volk im allgemeinen in spöttischer Weise zu bezeichnen.

MICHAEL, Cousin, Vetter Michel. Diesen Spitznamen haben die Deutschen, und werden im Michel, wie im John Bull bei den Engländern, die Schwächen und Thorheiten des Nationalcharakters der Deutschen personifizirt. Michel ist das Abbild von Langsamkeit, Schwerfälligkeit und Leichtgläubigkeit, ein dicker Kerl, mit treuherzigem, gemüthlichen Ausdruck in dem vollen Gesicht, eine kernkräftige Natur, ein gutes Herz, aber seine guten Eigenschaften werden aufgewogen durch seine Katzenbuckelei, Kleinigkeitskrämerei und seinen Schlendrian. — S. Teutons.

MOKE, ein Schwarzer, Farbiger. Das Wort scheint dasselbe zu sein, wie moky, ein veraltetes Wort mit der Bedeutung dunkel, nebelig, das von dem isländischen mockvi, Finsterniß, abgeleitet wird, und auch unter den Wörtern cymrischen Stammes vertreten ist. Dieser Spitzname der Neger ist hauptsächlich unter den regulären Soldaten in Texas und den Territorien im Gebrauch und wurde wahrscheinlich durch in New York angeworbene Waliser Rekruten in Umlauf gebracht. Uebrigens ist der Spitzname Moke auch im Norden in manchen Gegenden bekannt und häufig angewendet. — S. Sambo, Cuffee.

REDCOATS, Rothröcke, Rothjacken, wurden die Engländer während des Revolutionskrieges von den Amerikanern nach der Farbe der Uniformröcke der englischen Soldaten genannt. — S. John Bull.

SAMBO ist ein Kollektivname der Neger, ein Name, der aus dem Spanischen (Zambo) stammt und ursprünglich den Abkömmling von Negern und Mulatten bezeichnet; scherzhafter oder verächtlicher Weise benennt man die ganze Negerrace mit diesem Namen. — H. B. Stowe sagt z.B.: „Keine Race hat jemals eine ebenso große Fähigkeit bewiesen, Land und Verhältnisse zu wechseln, als die Neger. Sie gedeihen ebenso im Schnee Canada's und auf dem felsigen Boden Neuengland's, als in der üppigen Natur des Südens. Sambo und Cuffee breiten sich überall aus." — S. Cuffee.

TEUTONS, Teutonen, heißen die Deutschen sehr häufig bei den Amerikanern und zwar spöttischer Weise. Teutonen wurden die Ureinwohner Deutschlands von den Griechen und Römern genannt; es liegt in diesem Namen nichts, das dazu berechtigt, Spott und Verachtung mit demselben zu verbinden; wenn also Letzteres geschieht, ist dies nur ein Beweis von Ungebildetheit, Unwissenheit und Rohheit, welche leider in Amerika noch immer zu weit verbreitet sind und noch in vielen Kreisen herrschen. Das Eigenschaftswort teutonic, teutonisch, wird in demselben Sinne, wie das Hauptwort gebraucht, um den Deutschen eigenthümliche Sitten 2c. zu verspotten. — S. Cousin Michael.

UNCLE SAM, Onkel Sam (Samuel). Mit diesem Namen wird in populärer Redeweise allgemein die Regierung der Vereinigten Staaten, unrichtiger Weise auch das Volk derselben, benannt, und hat derselbe folgenden Ursprung: — Unmittelbar nach der Kriegserklärung gegen England, im Revolutionskriege, ging der Contraktor Elbert Anderson von New York nach Troy, am Hudson, um dort Provisionen zu kaufen, welche daselbst in Menge aufgehäuft waren, und er erstand hier eine große Quantität gesalzenen Rindfleisches, Schweinefleisches u. s. w. Die Inspektoren dieser Artikel waren daselbst die Herren Ebenezer und Samuel Wilson. Der Letztere, allgemein Onkel Sam genannt, beaufsichtigte meistens persönlich eine große Anzahl von Arbeitern, welche bei dieser Gelegenheit beschäftigt waren, die von dem Kontraktor für die Armee gekauften Mundvorräthe zu verpacken und zu versenden. Die Fässer und Kisten wurden alle "E. A.—U. S." (Elbert Anderson—United States) gezeichnet. Dies letztere Geschäft hatte ein lustiger, im Dienste der Herren Wilson stehender Mann und als ihn einmal einige der Arbeiter fragten, was diese Marke bedeute, (die Buchstaben U. S. für United States waren damals noch neu und Vielen unbekannt), erwiederte er: „Ich weiß es nicht, denke mir aber, daß sie bedeutet: Elbert Anderson und Uncle Sam (Wilson)." Der Spaß gefiel und wurde unter den Arbeitern heimisch, ja Onkel Sam Wilson wurde häufig mit der Vergrößerung seines Besitzthums geneckt. Viele dieser Arbeiter folgten bald nachher als Kanonenfutter dem Kalbfelle und marschirten nach den Grenzen der Staaten, um mit dem Feinde zu kämpfen und die Provisionen zu verzehren, welche sie unlängst verpackt hatten. Ihre früheren Späße begleiteten sie natürlich, und ehe die erste Campagne zu Ende ging, war dieser Scherz in den

Zeitungen mitgetheilt worden; er fand rasch Beifall und Verbreitung in jedem Theile des Landes und hat sich so fest eingewurzelt, daß er bestehen wird, so lange die Vereinigten Staaten (U. S.) eine Nation bleiben werden.

YANKEE, Yankey oder Yank, der Yankie, die Yankies, ist eigentlich der Spitzname der Bewohner der Neuengland-Staaten; jedoch werden häufig die Bewohner der sämmtlichen Nordstaaten, ja die Bewohner der Vereinigten Staaten überhaupt, so genannt. Es ist ein vulgärer Name, der, wenn er von Ausländern überhaupt den Amerikanern gegeben wird, einen gewissen Tadel einschließt, und wenn er den Neuengländern beigelegt wird, auf gewisse charakteristische Eigenthümlichkeiten derselben in Sprache, Benehmen, Bestrebungen und Handelsbetrieb hinweist, weshalb man von Yankee tricks, Yankee notions ꝛc. spricht. Während der Rebellion wurden von den Einwohnern der secedirten Staaten Alle, die der Regierung treu blieben, insbesondere aber die Unions-Soldaten Yankees genannt, und wenn sich die Armeen gegenüber standen, kam es häufig vor, daß sich die Vorposten in kordialem Verkehre mit Yank und Reb (Rebel) anredeten. — Der Ursprung des Wortes Yankee ist ungewiß. Gewöhnlich wird angenommen, es sei eine von den Indianern entlehnte verderbte Aussprache des Wortes English oder des französischen Anglois. Nach Thierry soll es eine Corruption von Jankin sein, mit welchem Namen die holländischen Colonisten von New York die englischen Ansiedler von Connecticut benannten. Dr. W. Gordon (History of the American War, 1789, Bd. 1, S. 324) sagt, es war seit 1713 ein beliebter Studenten-Ausdruck in Cambridge, Mass., und bedeutet so viel als vortrefflich, ausgezeichnet, z. B. a yankee good horse, yankee good cider, rc. Er vermuthet, daß dies daselbst von den Studenten angenommene Beiwort von denselben im späteren Leben beibehalten und verbreitet, und so in den Neuengland-Colonien gäng und gäbe wurde, bis es auch in anderen Gegenden bekannt und gebräuchlich und allgemein auf die Neuengländer, als eine mit einem gewissen Tadel oder Spott verbundene Benennung, übertragen wurde.

II.
Länder und Gegenden.

ACADIA, französisch Acadie, ist kein Spitzname, sondern der poetische Name für Nova Scotia, welches, ursprünglich von Franzosen besiedelt, l'Acadie oder La Cadie, von Shubenacadie, einem der Hauptflüsse des Landes, genannt wurde. In vielen Kämpfen zwischen Franzosen und Engländern wechselte das Land häufig den Herrn; den letzten dieser Kämpfe (1755) hat Longfellow zum Gegenstande seines Gedichtes "Evangeline" gemacht.

ALBION ist ein alter, jetzt poetischer Name für Großbritannien, den Einige mit Beziehung auf gewisse hohe Kreideufer der englischen Küste vom lateinischen albus, weiß, Andere von dem celtischen Worte alb, alp, hoch, ableiten wollen. Außerdem leitet man das Wort von Personen der mythischen Geschichte Englands ab, z. B. von einem Riesen Albion, der die Ureinwohner unterjocht haben soll, oder von einer syrischen Prinzessin Albina, die, auf ein unbemanntes Schiff gebracht, nach England verschlagen wurde. Milton bezeichnet diese Mythen als zu absurd, um daran zu glauben, sagt aber: „Es ist ganz gewiß, daß Britannien von den alten Griechen und Römern Albion genannt wurde."

COLUMBIA wird Amerika oft aus einem poetischen Gerechtigkeitsgefühle gegen den Entdecker der neuen Welt genannt, doch wird der Name gewöhnlich auf die Vereinigten Staaten beschränkt. Der Name wurde zuerst in einem einst populären

Liede von Dr. Thim. Dwight gebraucht, welches mit den Worten begann:

"Columbia, Columbia, thy glory arise,
The queen of the world and the child of the skies."

Das Lied: "Hail, Columbia, happy land!" wurde gedichtet von Joseph Hopkinson (1770—1842) zum Besten eines Schauspielers, Namens Fox, und zu einer Melodie, betitelt „der Präsidenten-Marsch," den ein Deutscher, welcher Teyles genannt wird, im Jahr 1789, bei Gelegenheit des ersten Besuches General Washington's im Theater von New York, componirte.

COLONY, Old, die alte Colonie, ist ein populärer Name desjenigen Theils des heutigen Massachusetts, der die ursprüngliche Plymouth-Colonie umschloß, welche früher angelegt wurde, als die Colonie von Massachusetts-Bai. Im Jahre 1692 wurden Beide unter letzterem Namen vereinigt, und bildeten bei der Gründung der Vereinigten Staaten den Staat Massachusetts.

COUNTRY, Old, das alte Land, die alte Heimath, ist in den Vereinigten Staaten eine populäre Bezeichnung der britischen Inseln, vorzugsweise benennen jedoch die Irländer sehr häufig die alte heimathliche Insel Irland mit diesem Namen.

DIXIE ist eine imaginäre Gegend, irgendwo in den südlichen Staaten der Union gelegen, die in einem bekannten Negerliede als ein vollkommnes Paradies, voll Ruhe und Freude betrachtet wird. Das Wort wird jedoch auch oft gebraucht als eine Kollektivbezeichnung der Sklavenstaaten. — Ein Correspondent des „New Orleans Delta" hat folgende Erklärung über den Ursprung des Wortes gegeben: — Als im Staate New York noch die Sklaverei existirte, besaß daselbst ein gewisser Dixy einen großen Strich Landes und viele Sklaven. Die Zunahme der Letzteren auf der einen, sowie der abolitionistischen Stimmung auf der anderen Seite war der Grund, daß die Sklaven allmählig nach mehr südlichen und sicherern Sklavenstaaten verkauft wurden. Die Neger blickten von ihren neuen Wohnplätzen nach der alten Heimath, wo es ihnen sehr wohl ergangen war, mit Bedauern und Sehnsucht zurück, indem sie sich nichts Besseres wünschten, als ihr Leben auf Dixy's Farm. So wurde dieser Ort synonym mit einer idealen Lokaliiät, welche Ruhe, Genuß und jede Art materiellen Glückes darbietet. In jener Zeit war der Negergesang in seiner ersten Kindheit, und Alles, das in einen Gesang gebracht werden konnte, wurde begierig aufgegriffen. Das war auch der Fall mit Dixie. Das Lied entsprang in New York und wurde allmählig erweitert; es kam ein Chor dazu, und aus zwei oder drei ursprünglichen Noten wurde nach und nach eine förmliche Melodie.

EGYPT, Aegypten, ist eine populäre Benennung des südlichen Theiles des Staates Illinois. Man findet darin eine Beziehung auf die ägyptische Finsterniß zu den Zeiten Mosis, und den Ruf großer Unwissenheit, in welchem die Einwohner des südlichen Illinois früher allgemein standen.

ELDORADO, das Goldland, ist ein Name, welchen die Spanier im 16ten Jahrhundert einem imaginären Lande gaben, das in dem Innern Südamerika's zwischen dem Orinoco und dem Amazonenflusse liegen sollte, und von dem man fabelte, daß Gold und Edelsteine aller Art in Masse sich daselbst fänden. Es wurden sogar Expeditionen ausgerüstet, um das fabelhafte Land aufzusuchen, und obgleich alle Versuche dieser Art vergeblich waren, so erhielt sich der Glaube an die, oder das Gerücht von der Existenz des Eldorado's bis in den Anfang des 18ten Jahrhunderts. Francis Orellano, ein Gefährte Pizarros, verbreitete zuerst die Nachricht von dieser fabelhaften Gegend in Europa.

EMERALD ISLE, die Smaragd-Insel, ist ein Name, welcher Irland häufig gegeben wird, wegen des eigenthümlich schönen grünen Aussehens der Oberfläche des Landes. Der Ausdruck wurde zuerst von Drennan, Verfasser des Gedichtes „Glendalloch" und anderer Gedichte gebraucht. In demjenigen, welches „Erin" betitelt ist, sagt er: „Als Erin zuerst aus den dunkel schwellenden Fluthen emporstieg, segnete Gott die grüne Insel; er sah, sie war gut, der Smaragd Europa's; er glänzte, er schien, in dem Erdenring der kostbarste Stein." — S. Erin.

ERIN ist ein früherer Name Irlands, der jetzt in dichterischer Sprache noch gebraucht wird.— S. Isle of Saints, Holy Island.

FLOWERY KINGDOM, das blumige Reich, ist China. Dieser Name ist eine Uebersetzung der chinesischen Wörter Hwa Kwoh, womit die Chinesen ihr Vaterland bezeichnen, weil sie sich für die gebildetste und civilisirteste aller Nationen halten, was das Beiwort hwa ausdrückt. Deshalb nennen sie die Europäer „rothhaarige Barbaren." — S. Middle Kingdom.

GARDEN OF THE WORLD, der Garten der Welt, ist ein Name, welcher häufig dem großen, vom Mississippi und seinen Nebenflüssen durchströmten, an 1,200,000 Quadratmeilen umfassenden Flachlande von ungemeiner Fruchtbarkeit, dem Mississippi Valley, gegeben wird.

HIBERNIA ist der lateinische Name Irlands, der häufig in der neueren Poesie gebraucht wird.

HOLY ISLAND, die heilige Insel, wird Irland genannt mit Beziehung auf die zahlreichen „Heiligen" der Insel.

ISLE OF THE SAINTS, lateinisch Insula Sanctorum, die Insel der Heiligen, war im Mittelalter eine Benennung Irlands in Anbetracht des raschen Fortschritts, den das Christenthum daselbst machte, sowie der großen Anzahl gelehrter Kirchenlichter, welche die Insel lieferte. — S. Emerald Isle, Erin, Holy Island.

LAND OF CAKES, das Land der Kuchen, ist ein populärer Name für Schottland, weil daselbst Hafermehlkuchen ein gewöhnliches Nationalgericht sind, besonders unter den ärmeren Klassen. — „Die Lady liebt, bewundert und verehrt alles Schottische; der Eheherr betrachtet „das Land der Kuchen" wie eine höhere Intelligenz." (Blackwood.)

MIDDLE KINGDOM, das Mittelreich, das Reich der Mitte, wird China von den Eingebornen genannt. Der Ausdruck ist eine Uebersetzung des chinesischen Tchang-kooe, ein Name, den die Chinesen ihrem Lande geben, weil sie glauben, daß es im Mittelpunkte des Erdkreises liege.

NORTHERN GIANT, der nordische Riese, ist eine häufig vorkommende Benennung Rußlands, mit Beziehung auf die ungeheure Ausdehnung, sowie auf die Größe der Macht und Hülfsquellen des Reiches.

THE PAN-HANDLE, der Pfannenstiel, ist ein Name, welcher dem nördlichen schmalen, zwischen dem Ohioflusse und dem Staate Pennsylvania sich erstreckenden Theile West-Virginiens gegeben wird. Die Stadt Wheeling liegt im Panhandle, der zum übrigen größeren Theile West-Virginiens in ähnlichem Verhältnisse steht, wie der Stiel zur Pfanne.

SECESSIA war ein populärer Kollektivname für diejenigen Staaten, welche 1861 aus der Union der Vereinigten Staaten austraten und den Rebellionskrieg veranlaßten. Darnach nannte das Volk der Nordstaaten die Anhänger der Secession oder die Rebellen Secesh, Seceshers. — Beide Wörter sind gebildet von to secede, zurücktreten, wovon secession, das Zurücktreten. Seceders wurde ein zahlreicher Theil der schottischen Presbyterianer genannt, welche von der etablirten Kirche um das Jahr 1733 zurücktraten und die sogenannte Secession Church bildeten.

VINLAND, Weinland, ist der Name, welcher nach Snorre Sturleson von skandanavischen Seefahrern einem Theile der Küste Nordamerika's gegeben wurde. Dies von denselben gegen Ende des 10ten Jahrhunderts entdeckte Land war stark bewaldet und brachte schöne Früchte, namentlich Weintrauben hervor. Einige glauben, es sei dies ein Theil von Massachusetts oder Rhode Island gewesen.

III.

Staaten der Union und ihre Bewohner.

ALABAMA wird nach dem Hauptprodukte des Staates COTTON PLANTATION STATE, Baumwolle-Plantagen-Staat genannt.

Den Bewohnern dieses Staates wird gewöhnlich der Name LIZARDS, Eidechsen, gegeben.

Antelope State, s. Nebraska.

ARKANSAS hat den Namen BEAR STATE, Bärenstaat, wegen der zahlreichen Bären, die sich zur Zeit der Besiedelung des Staates in seinen Wäldern aufhielten, und deren Jagd Einheimische und Fremde anlockte.

Die Einwohner von Arkansas, ebenso berüchtigt in früherer Zeit, wie die erste Bevölkerung von Texas, heißen TOOTH PICKERS, Zahnstocher, eine Anspielung auf die Gewohnheit der früheren Bewohner, in ihren Streitigkeiten sofort zum Gebrauche des Messers zu schreiten.

Badger State, Badgers, s. Wisconsin.

Bay State, Bay Staters, ſ. Massachusetts.
Bayou State, ſ. Mississippi.
Beagles, ſ. Virginia.
Bear State, ſ. Arkansas.
Beef Heads, ſ. Texas.
Blue Hen, ſ. Delaware.
Blue State, Blues, ſ. New Jersey,
Buckeye State, Buckeye, ſ. Ohio.
Buffalo Plains State, ſ. Colorado.
Bug Eaters, ſ. Nebraska.
Buzzards, ſ. Georgia.

California wird GOLD STATE, Gold-Staat nach dem daselbst in Menge gefundenen Golde genannt. — Auch heißt dieser Staat EUREKA STATE, Heureka-Staat, nach dem Motto seines Wappens "Eureka." Dies Wort ist griechisch und bedeutet: „Ich hab's gefunden"; es wird jedoch auch substantivisch in der Bedeutung von Entdeckung, besonders, wenn dieselbe nach anhltendem Suchen gemacht wird, gebraucht. Dabei wird an eine Anekdote von dem alten griechischen Mathematiker Archimedes erinnert. Dieser hatte vom König Hiero von Syrakus den Auftrag erhalten, zu untersuchen, ob zu einer für ihn angefertigten Krone, die das genaue Gewicht des gelieferten Goldes hatte, wirklich alles gelieferte Gold verwendet worden sei. Nach langem Nachsinnen entdeckte Archimedes, während er im Bade war, die noch heute angewendete Methode, das spezifische Gewicht der Körper zu bestimmen, indem ein Körper desto dichter und schwerer ist, ein je geringeres Volumen Wasser er beim Eintauchen verdrängt, und daß er darnach bestimmen könne, ob die Krone reines Gold oder eine Legirung mit schlechterem Metalle enthalte. Als dem syrakuser Gelehrten dieses Prinzip klar wurde, soll er freudig aus dem Bade gesprungen sein und in den Straßen laut verkündigt haben: Heureka! d. i.: Ich hab's gefunden! — Außerdem wird Californien bisweilen ELDORADO, das Goldland, genannt. — (S. oben unter 2, Länder und Gegenden.)

Die Californier werden nach dem Geschäfte, welches nach der Entdeckung des californischen Goldes Tausende nach jener Gegend lockte, GOLD HUNTERS, Goldjäger, Goldsucher, genannt.

Cave State, s. Tennessee.

Clam Catchers, s. New Jersey.

Clam Thumpers, s. Maryland.

Colorado hat den Namen BUFFALO PLAINS STATE, Staat der Büffel-Ebenen, weil sich die mit den Indianern durch die vorschreitende Besiedelung und Civilisation immer weiter westlich gedrängten Büffelheerden größtentheils nach den Grasebenen Colorado's zurückgezogen hatten, als dieser Staat zuerst besiedelt wurde.

Die Einwohner dieses Staates werden ROVERS, Herumschwärmer, Korsaren, genannt.

CONNECTICUT ist der FREESTONE STATE, der Quaderstein- oder Baustein-Staat, so genannt von den dortigen Steinbrüchen. Auch wird dieser Staat unter Anspielung auf den stabilen Charakter seiner Bewohner LAND OF STEADY HABITS, das Land der Gewohnheitstreue, oder Land stetiger Gewohnheiten genannt.

Die Einwohner dieses Staates werden häufig WOODEN NUTMEGS, hölzerne Muskatnüsse (und danach der Staat auch WOODEN NUTMEG STATE) genannt, weil sie im Rufe schlauer Handelsoperationen stehen und man erzählt, daß sie unachtsamen Käufern aus Holz nachgemachte Muskatnüsse statt ächter verkauft haben.

Copper State, s. Wisconsin.

Corncrackers, Corncracker State, s. Kentucky.

Cotton Plantation State, s. Alabama.

Creoles, Creole State, s. Louisiana.

Cut Throats, s. Idaho.

Dacotah ist der SIOUX STATE, nach dem Indianerstamme der Sioux so genannt.

Die Einwohner heißen vorzugsweise SQUATTERS. Mit diesem Namen bezeichnet man überhaupt einen Ansiedler, der sich in unbewohnter Gegend, über die letzten Siedelungen hinaus, namentlich auf Staatsländereien, ohne Besitztitel, niederläßt.

Delaware heißt DIAMOND STATE, Demantstaat, welche Benennung daraus abgeleitet wird, daß der Staat, so klein er ist, von großem Werthe oder von vermeintlicher Wichtigkeit ist. — Außerdem hat dieser Staat den Namen THE BLUE HEN, die blaue Henne. Den Ursprung dieses Namens gab das „Delaware State Journal“ vom Juli 1860 folgendermaßen: Capitän Caldwell war während des Revolutions-Krieges Offizier im 1. Delaware Regiment. Er zeichnete sich durch Muth und vor Nichts zurückweichenden Geist aus. Dabei war er ein großer Freund von Hahnenkämpfen. Er war außerordentlich populär im Regimente und dessen ausgezeichnete Disciplin wurde allgemein als sein Verdienst betrachtet. So kam es, daß, wenn Offiziere zum Rekrutiren abgesandt wurden, man sprichwörtlich sagte: „Sie sind nach Hause gegangen, um mehr von Caldwell's Kampfhähnen zu holen.“ Nun war aber Caldwell, wie er oft äußerte, der festen Ueberzeugung, daß kein Hahn ein guter Streiter sein könne, wenn er nicht von einer blauen Henne abstamme; man sagte daher statt Kampfhähne „der blauen Henne Küchlein," und so kam die Heimath dieses Delaware Regiments, zunächst in der Armee, später allgemein zu dem Namen the blue hen. — Der Staat wird auch UNCLE-SAM'S HANDKERCHIEF, Onkel Sam's Taschentuch, seiner Kleinheit wegen, genannt.

Die Bewohner des Staates Delaware haben den Spitznamen MUSKRATS, Moschusratten.

Dominion, The Old, s. Virginia.

Eldorado, s. California.

Empire State, s. New York.

Empire State of the South, s. Georgia.

Eureka State, s. California.

Everglade State, s. Florida.

Florida hat den Namen PENINSULAR STATE, Halbinsel-Staat, erhalten, weil ein großer Theil des Gebietes, welches diesen Staat ausmacht, sich als Halbinsel in den Golf von Mexico erstreckt. — Auch wird Florida EVERGLADE STATE genannt. Unter dem Namen Everglades versteht man daselbst niedrige, unter Wasser stehende Landstriche, wo in dem Wasser hie und da, also inselartig, mit hohem Grase bewachsene Stellen sich finden.

Die Bewohner dieses Staates haben den Namen FLY UP THE CREEKS, Flieg den Bach hinauf.

Fly up the Creeks, s. Florida.
Fortune Hunters, s. Idaho.
Foxes, s. Maine.
Freestone State, s. Connecticut.
Garden of the West, s. Kansas.

Georgia wird EMPIRE STATE OF THE SOUTH, der Reichsstaat des Südens, genannt, weil er als der mächtigste und reichste der Südstaaten angesehen wird.

Die Georgier haben den Spitznamen BUZZARDS, Bussare, Bussards.

Gold State, Gold Hunters, s. California.
Gopher State, Gophers, s. Minnesota.
Granite State, Granite Boys, s. New Hampshire.
Green Mountain State, Green Mountain Boys, s. Vermont,
Ground, the Dark and Bloody, s. Kentucky.
Gunflints, s. Rhode Island.
Hard Cases, s. Oregon.
Hawkeye State, Hawkeyes, s. Iowa.
Hoosier State, Hoosiers, s. Indiana.

Idaho wird bisweilen PEARL OF THE

MOUNTAINS, die Perle der Berge oder Gebirge genannt.

Die Bewohner heißen FORTUNE HUNTERS, Glücksjäger, oder auch CUT THROATS, Kehlabschneider.

Illinois wird mit dem Namen PRAIRIE STATE, Prairie-Staat, bezeichnet, mit Bezug auf die ausgedehnten und fruchtbaren Prairien oder Grasebenen, welche den Hauptzug in der landschaftlichen Scenerie des Staates bilden. — Außerdem wird Illinois häufig SUCKER STATE nach dem Spitznamen seiner Bewohner genannt.

Die Bewohner des Staates Illinois werden im ganzen Westen SUCKERS, Sauger, genannt. Dieser Name hat folgenden Ursprung: Die westlichen Prairien haben Mangel an Bächen, Teichen und Seen, doch steht an vielen Stellen das Wasser nicht tief unter der Oberfläche. Diese Gegenden sind voll von Löchern oder Röhren, welche der Landkrebs (Crawfish) fußtief in den Boden gräbt, bis er zu dem im Untergrunde stehenden Wasser gelangt. Wenn in früherer Zeit diese weit ausgedehnten, wasserlosen Prairien von Reisenden durchzogen wurden, versahen sie sich mit einem Rohrstengel, welchen sie, wenn der Durst sie plagte, in die durch die Krebse gebohrten artesischen Brunnen steckten, um das darin angesammelte klare Wasser zur Stillung ihres Durstes durch die Röhren aufzusaugen. Von diesem Verfahren wurden sie Suckers, Sauger, genannt, welcher Name auf die Ansiedler überging, und bis heute der Spitzname der Illinoiser ist.

INDIANA heißt der HOOSIER STATE, weil seine Einwohner den Namen HOOSIERS haben. Es ist dies Wort nicht mit Hosier, der Strumpfwaarenhändler, zu verwechseln. Hoosier ist eine verderbte Schreibart für husher (von to hush, zum Schweigen bringen), mit welchem Worte man in früherer Zeit im Westen Raufbolde oder bullies zu bezeichnen pflegte.

Indians, Spanish, s. New Mexico.

IOWA ist der HAWKEYE STATE, Falkenaugen-Staat. Es soll dieser Name von einem Indianer-Häuptlinge dieses Namens herstammen, welcher ein Schrecken der in der Gegend des späteren Staates Iowa Reisenden war.

Die Bewohner des Staates werden ebendaher HAWKEYES, Falkenaugen, genannt.

Jayhawker State, Jayhawkers, s. Kansas.

KANSAS heißt JAYHAWKER STATE, weil seine Bewohner JAYHAWKERS genannt werden. Dieses Wort ist aus Jay, der Häher (Corvus oder Garrulus glandarius, Nuß- oder Eichelhäher) und hawk (plattdeutsch Häwk, hochdeutsch Habicht, Falke) zusammengesetzt und bedeutet also Häherhabicht, d. h. ein Habicht, der vorzugsweise dem kleinen amerikanischen Häher nachstellt.

Außerdem wird der Staat Kansas bisweilen GARDEN OF THE WEST, der Garten des Westens, genannt. Dieser Name wird jedoch auch auf Illinois und andere westliche Staaten, die wegen der Fruchtbarkeit und Ergiebigkeit ihres Bodens berühmt sind, übertragen.

Kentucky wird häufig THE DARK AND BLOODY GROUND, das dunkle und blutige Feld, genannt. Dieser Name scheint seinen Ursprung in den vielen blutigen Kämpfen zu haben, welche die ersten Ansiedler des Staates mit den hier hausenden Indianern hatten; es soll jedoch eine Uebersetzung des indianischen Wortes Kentucky sein, wodurch angezeigt werden soll, daß hier die Schlachtfelder der Kriege zwischen den Indianern des Südens und des Nordens lagen.

Häufig heißt der Staat Kentucky in populärer Sprache THE CORN CRACKER, der Maisknacker; insbesondere werden die Kentuckier allgemein CORN CRACKERS genannt.

Keystone State, s. Pennsylvania.

Knickerbockers, s. New York.

Lake State, s. Michigan.

Land of Steady Habits, s. Connecticut.

Leatherheads, s. Pennsylvania.

Lizards, s. Alabama.

Lumber State, s. Maine.

Louisiana hat den Namen CREOLE STATE, der Kreolen-Staat, weil die Bewohner dieses Staates hauptsächlich Abkömmlinge französischer und spanischer Ansiedler sind. Ebendeswegen heißen die Einwohner CREOLES, Kreolen, womit durchaus nicht eine Beimischung von Negerblut bezeichnet wird, sondern worunter von europäischen Eltern in den südlichen Staaten der Union und Westindien geborene Weiße verstanden werden.

Maine heißt PINE TREE STATE, der Fichtenbaum-Staat, weil der mittlere und nördliche Theil des Staates mit großen Fichtenwaldungen bedeckt ist. Auch wird der Staat LUMBER STATE, Bauholz-Staat, genannt, indem das Hauptgeschäft eines großen Theiles der Bewohner das Holzgeschäft, das Fällen der Bäume ist, woraus Flöße gebaut und verfahren, Bretter, Dachschindeln, Bauholz u. dgl. geschnitten werden.

Die Einwohner von Maine werden FOXES, Füchse, genannt, ebenso wie die Bewohner mehrerer anderer Staaten Thiernamen als Spitznamen haben.

Maryland wird öfters nach dem Beinamen seiner Hauptstadt MONUMENTAL STATE, der Denkmal-Staat, genannt. Seine Bewohner heißen CLAM THUMPERS.

Massachusetts hat den Beinamen BAY STATE, der Bai-Staat, weil dieser Staat vor der Annahme der Bundes-Constitution die Colonie der Massachusetts-Bai genannt wurde. Die Einwohner dieses Staates erhielten daher den Namen BAY STATERS, Bai-Staater.

Michigan nennt man LAKE STATE, den See-Staat, weil sein Gebiet an die vier großen Seen, Superior, Michigan, Huron und Erie grenzt. Außerdem wird dieser Staat nach dem Spitznamen seiner Bewohner WOLVERINE STATE, Fielfraß-Staat, genannt.

Die Einwohner Michigans haben den Namen WOLVERINES, Fielfraße, weil das Thier dieses Namens (Gulo luscus), dessen Pelz seit Anfang des achtzehnten Jahrhunderts stark nach Europa ausgeführt wurde, in diesem Staate sehr häufig vorkam. Der Name dieses Thieres wird fälschlich „Vielfraß" geschrieben und von „viel fressen" abgeleitet. Die richtige Schreibart ist „Fielfraß" nach dem norwegischen Worte Fjael-frass gebildet, welches Bergbewohner oder Bergbesucher bedeutet. Der englische Name Wolverine oder Wolvereene ist eine Diminutivform von wolf.

Außerdem wird das Thier im Englischen auch glutton genannt, ein Name der ebenso unrichtig ist, wie das deutsche Vielfraß, dessen Uebersetzung es ist.

Minnesota wird GOPHER STATE, der Gopher-Staat, genannt, weil seine Bewohner GOPHERS heißen. Außerdem giebt man ihm den Namen NORTH STAR STATE, der Nordstern-Staat, mit Beziehung auf seine nördliche Lage und kalten Winter.

Die Einwohner von Minnesota heißen GOPHERS, vom französischen gaufre, die Wabe, Honigwabe. Mit diesem Namen wurden ursprünglich von französischen Ansiedlern verschiedene Thiere bezeichnet, welche Höhlen oder Röhren in die Erde graben, die Erde gewissermaßen wie eine Honigwabe durchlöchern. In Canada und Illinois wurde ein in der Erde wohnendes, graues, eichkatzenartiges Thier, Spermaphilus Franklini, also genannt; westlich vom Mississippi S. Richardsonii; in Wisconsin das gestreifte ground squirrel; in Missouri eine Beutelratte von röthlicher oder kastanienbrauner Farbe, mit breiten, maulwurfsartigen Vorderbeinen, Gromys bursarius; in Georgia wird eine Schlange, Coluber coupen, so genannt, und in Florida eine Schildkröte, Testudo polyphemus.

Mississippi hat den Namen BAYOU STATE.

weil dieser Staat reich an bayous ist, worunter man in den Südstaaten ein träges oder fast stehendes Wasser versteht, das den Ausfluß eines Sees oder Flusses ins Meer bildet.

Die Einwohner heißen TADPOLES, Kaulfrösche, welche Letzteren in stehenden Gewässern sich finden. Es sind dies junge Frösche, die noch keine Füße, dagegen einen fischartigen Schwanz haben, mittelst dessen sie sich bewegen.

Missouri wird PIKE STATE, der Hecht-Staat, genannt, weil die Missourier PIKES, Hechte, heißen.

Monumental State, s. Maryland.

Mormon State, s. Utah.

Mother of States, Mother of Presidents, s. Virginia.

Nebraska heißt ANTELOPE STATE, der Antilopen-Staat, nach der in den westlichen Gebirgen sich findenden einzigen amerikanischen Antilopenart, Antilope furcifer, englisch the prong-horned antelope.

Die Einwohner haben den Spitznamen BUG EATERS, Wanzen- oder Käferfresser.

Nevada wird SAGE STATE, Salbei-Staat, nach dem dort wild wachsenden Salbei genannt.

Die Bewohner Nevada's haben ebendaher den Namen SAGE HENS, Salbeihühner.

New Hampshire hat den Namen GRANITE STATE, der Granit-Staat, da dieser von den White Mountains durchzogene Staat viele Felsen hat, die größtentheils aus feinkörnigem Granit bestehen.

Die Einwohner dieses Staates heißen daher GRANITE BOYS, Granit-Jungen.

New Jersey hat verschiedene Spitznamen. Es wird BLUE STATE, der blaue Staat, genannt, welchen Namen man von den Blue Mountains herleitet; oder NEW SPAIN, Neu-Spanien; endlich auch RAILROAD STATE, Eisenbahn-Staat, von den zahlreichen Eisenbahnen, die den Staat durchziehen. Häufig wurde gesagt: All the States and New Jersey, weil man spottweise behauptete, New Jersey gehöre, seiner den übrigen Staaten gegenüber langsam fortschreitenden Entwickelung wegen, nicht zu den Vereinigten Staaten. Am häufigsten wird New Jersey THE STATE OF CAMDEN & AMBOY genannt.

Die Einwohner werden BLUES, Blaue, oder CLAM CATCHERS, Klammuschel-Fänger, genannt.

New Mexico wird VERMIN STATE, der

Ungeziefer-Staat, genannt, weil daselbst eine große Menge lästigen und schädlichen Ungeziefers im Freien, sowie in den Wohnungen, sich findet.

Die Einwohner, meist von spanischer Abkunft und sehr geringer Cultur, werden SPANISH INDIANS, spanische Indianer, genannt.

New Spain, s. New Jersey.

New York hat häufig den Namen EMPIRE STATE, Reichs-Staat oder Herrschafts-Staat, als der bevölkertste, reichste und einflußreichste Staat der Union. Er heißt auch EXCELSIOR STATE, weil "Excelsior" das Motto in seinem Staatswappen ist.

Die Einwohner dieses Staates haben den Namen KNICKERBOCKERS, welcher eigentlich nur den Bewohnern der Stadt New York, einer ursprünglich holländischen Ansiedlung, beigelegt ist. Washington Irving hat eine humoristisch erdichtete Geschichte von New York unter dem Namen Diedrich Knickerbocker geschrieben, was zur Verbreitung obigen Namens wesentlich beigetragen hat.

North Carolina wird nach seinem bezeichnenden Beiworte häufig in populärer Sprache OLD NORTH STATE, der alte Nordstaat, genannt. — Außerdem heißt dieser Staat auch TURPENTINE STATE, der Terpentin-Staat, oder auch PITCH TREE STATE, Pechtannen-Staat, weil in diesem Staate ausgedehnte Tannenwaldungen sind, deren Harz in großen Massen gewonnen und exportirt, und ebenfalls zur Terpentin-Bereitung verwendet wird.

Die Einwohner werden nach ihrer Hauptbeschäftigung TAR BOILERS, Theersieder (plattdeutsch Therschwäler), oder auch TUCKOES, genannt, welches letztere Wort wahrscheinlich von Tuck, der Stoßdegen, abzuleiten ist.

Nutmegs, Wooden, s. Connecticut.

Ohio ist in der Volkssprache THE BUCKEYE STATE, der Kastanienstaat, weil man bei der Besiedlung des Territoriums, früher Western Reserve genannt, in den Urwäldern den gelbblühenden Roßkastanienbaum (Aesculus flava oder glabra) in größerer Menge als anderwo fand.

Die Einwohner werden ebendaher BUCKEYES Roßkastanien, genannt.

Oregon hat den Namen PACIFIC STATE, Staat des Stillen Oceans, erhalten. Pacific bedeutet: still, ruhig, friedlich. Das große Weltmeer zwischen Asien und America erhielt den Namen Pacific Ocean oder The Pacific, weil die Schiffer, die es zuerst befuhren, nach ihren Erfahrungen glaubten, daß es von heftigen Stürmen frei sei.

Die Einwohner von Oregon werden HARD CASES, harte Fälle, genannt.

Pacific State, s. Oregon.

Palmetto State, s. South Carolina.

Pearl of the Mountains, s. Idaho.

Peninsular State, s. Florida.

Pennsylvania ist allgemein als der KEYSTONE STATE, der Schlußsteinstaat, bekannt. Der Name ist auf folgende Art entstanden. Zur Zeit der Gründung der Union waren es dreizehn Staaten, welche die Constitution annahmen. Wenn man dreizehn Steine mit den Namen der ursprünglichen Staaten zu einem Bogen zusammenmauert, nämlich

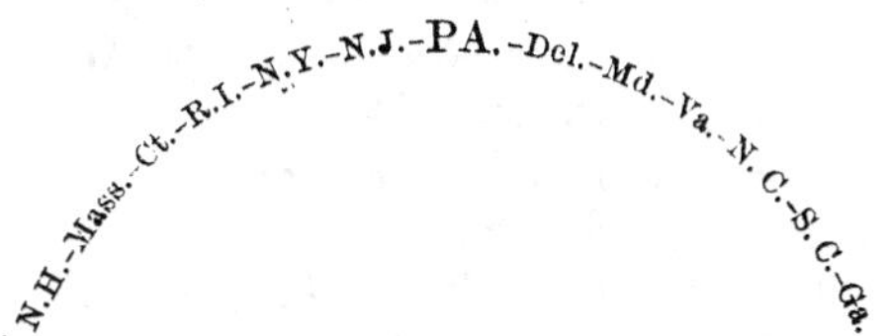

so nimmt Pennsylvania die Mitte, also die Stelle des Schlußsteines des Bogens ein. — Bisweilen wird Pennsylvania auch THE IRON AND OIL STATE, der Eisen- und Oelstaat, genannt.

Die Pennsylvanier haben den Namen LEATHERHEADS, Lederköpfe, Dummköpfe, oder PENHAMNITES, eine Corruption von Pennsylvanians.

Pike State, Pikes, s. Missouri.

Pine Tree State, s. Maine.

Pitch Tree State, s. North Carolina.

Plantation State, s. Rhode Island.

Polygamists, s. Utah.

Prairie State, s. Illinois.

Railroad State, s. New Jersey.

Rhode Island heißt im Munde des Volkes oft LITTLE RHODY, Klein Rhody, als der kleinste Staat der Union. — Außerdem wird dieser Staat PLANTATION STATE, Plantagenstaat, genannt.

Die Einwohner haben den Namen GUNFLINTS, Flintensteine.

Rhody, Little, s. Rhode Island.

Rovers, s. Colorado.

Sage State, Sage Hens, s. Nevada.

Sioux State, s. Dacotah.

South Carolina nennt man PALMETTO STATE, so genannt, weil er in seinem Staatswappen einen Palmenbaum von der in Süd Carolina, Georgia und anderen Südstaaten wachsenden Art Chamaerops palmetto führt.

Die Bewohner Süd-Carolinas haben den Spitznamen WEASELS, Wiesel.

Squatters, s. Dacotah.

Star State, Lone, s. Texas.

State of Camden & Amboy, The, s. New Jersey.

Suckers, s. Illinois.

Tadpoles, s. Mississippi.

Tar Boilers, s. North Carolina.

TENNESSEE heißt der CAVE STATE, der Höhlenstaat.

Seine Bewohner werden WHELPS genannt, ein Ausdruck, womit die Jungen der Hunde und vierfüßigen Raubthiere bezeichnet werden.

TEXAS hat den Namen LONE STAR STATE, der Staat des einzelnen Sternes, weil das Staats-Wappen einen einzelnen Sern enthält.

Die Texaner werden BEEFHEADS, Rindsköpfe, genannt, wahrscheinlich, weil sowohl früher von den in Texas angesiedelten Spaniern, als auch nach der Annexirung von den Eingewanderten die Rindviehzucht sehr stark betrieben wurde.

Toothpickers, s. Arkansas.

Tuckoes, s. North Carolina.

Turpentine State, s. North Carolina.

Uncle Sam's Handkerchief, s. Delaware.

UTAH ist der MORMON STATE. der Mormonenstaat. Ueber den Ursprung des Namens Mormonen wird von diesen selbst folgendes Mährchen erzählt: — Mormon war der letzte einer hebräischen Prophetenlinie unter einem israelitischen Stamme, welcher hauptsächlich die Nachkommen Josephs, Sohnes des Patriarchen Jacob, in sich faßte, und ungefähr 600 Jahre vor Christo nach Amerika auswanderte. Dieser Prophet schrieb das Buch, das betitelt ist „Das Buch Mormons." — Auf die in diesem Buche enthaltenen Lehren gründen die „Mormonen" oder „Heiligen des jüngsten Tages" ihre Glaubenslehre. — Der wirkliche Verfasser des Buches war Salomon Spalding (1769–1810), ein unverwüstlicher Skribbler oder Schmierer, welcher in jüngeren Jahren Geistlicher war. Das Buch fiel dem Joseph Smith in die Hände, welcher es für eine ihm direkt von dem Himmel zugegangene Offenbarung ausgab. Er benutzte es als Text und Autorität, und begann das neue Evangelium des Mormonenthums zu predigen.

Die Bewohner des Staates Utah, zum größten Theile Mormonen, heißen POLYGAMISTS, Polygamisten, Vielweiberei-Treibende, weil der Staat zuerst und hauptsächlich durch die Mormonen, unter denen Polygamie erlaubt ist, besiedelt wurde.

Vermin State, s. New Mexico.

Vermont ist der GREEN MOUNTAIN STATE, weil die Green Mountains, das immergrüne Gebirge, von immergrünen Holzarten, Fichten, Cedern, Pechtannen, Schierlingstannen und Lorbeer bewachsen, den Hauptgebirgszug im Staate bilden.

Die Einwohner werden daher GREEN MOUNTAIN BOYS genannt.

Virginia ist am bekanntesten unter dem Namen OLD DOMINION, das alte Gebiet. Der Ursprung dieses Namens wird verschieden angegeben. Folgende Erklärung ist die wahrscheinlichste und vermuthlich richtigste. In Capitän John Smith's Geschichte von Virginien (Ausgabe vom Jahre 1629) findet sich eine Karte der Ansiedlung von Virginia, welche uns den damaligen Umfang dieser Colonie anzeigt, und wir sehen daraus, daß unter diesem Namen alle britischen Ansiedlungen in Amerika, namentlich das spätere Neu-England, begriffen sind. Der spätere Staat Virginia wird auf dieser Karte in der damaligen Orthographie "Ould Virginia" genannt, im Gegensatze zur Neu-England-Colonie, welche "New Virginia" heißt. Von der Gründung der Colonie bis zur Revolution bezeichnete jeder Parlamentsakt, jeder Brief des Königs an den Gouverneur Virginia als "The Colony and Dominion of Virginia." So war es denn leicht und natürlich, daß aus beiden Benennungen die neue hervorging, indem Ould Virginia in Old Dominion überging. Außerdem wurde Virginia in neuerer Zeit MOTHER OF STATES, die Staatenmutter, und MOTHER OF PRESIDENTS, die Präsidentenmutter, genannt. Ersterer Name entstand mit Beziehung darauf, daß Virginia der zuerst besiedelte und älteste jener dreizehn Staaten war, welche sich in der Unabhängigkeits-Erklärung vereinigten; letzterer bezieht sich darauf, daß der Staat Virginia die meisten, und zwar sechs Präsidenten der Vereinigten Staaten geliefert hat.

Die Virginier haben den Spitznamen BEAGLES. Dies Wort ist das französische bigle und bedeutet in der Waidmannssprache Windhund, Spürhund, im verächtlichen oder spöttischen Sinne ein Hundsfott.

Weasels, s. South Carolina.

Whelps, s. Tennessee.

WISCONSIN heißt COPPER STATE, der Kupferstaat, von dem sich im Staate findenden Kupfer. — Außerdem wird Wisconsin BADGER STATE, der Dachsstaat, genannt, weil seine Bewohner den Spitznamen BADGERS, Dachse, haben. — Der europäische Dachs (Meles vulgaris), der auch in Asien sich findet, kömmt in Amerika nicht vor. Diejenige Dachsart, welche in Nord-Amerika am häufigsten gefunden und Groundhog, Erdschwein, genannt wird, ist Meles Labradorica; außerdem giebt es noch den Indianer-Dachs, Meles collaris.

Wolverine State, Wolverines, s. Michigan.

IV.

Städte.

ATHENS OF AMERICA, das Athen Amerika's, ist ein Name, welcher häufig der Stadt Boston, Mass., gegeben wird. — Vergleiche Modern Athens.

Baltimore, s. Monumental City.

Buffalo, s. Queen City of the Lakes.

BLUFF CITY, ist ein populärer Name der Stadt Hannibal in Missouri. Unter Bluff versteht man in Amerika ein hohes, steiles, fast senkrecht in einen Fluß oder See abfallendes Ufer, bisweilen jedoch auch eine steile Höhe, die etwas entfernt vom Flusse liegt.

Boston, s. Athens, City of Notions, Hub of the Universe, Puritan City.

Brooklyn, s. City of Churches.

Chicago, s. Garden City.

Cincinnati, s. Porcopolis, Queen City.

CITY OF BROTHERLY LOVE, die Stadt der brüderlichen Liebe, wird Philadelphia, Pa., genannt; nicht, weil sich die Leute dort wie Brüder lieben, sondern weil die Uebersetzung und Bedeutung des griechischen Wortes Philadelphia, „die Bruderliebe" ist.

CITY OF CHURCHES, die Kirchenstadt, ist eine oft vorkommende Benennung der Stadt Brooklyn, N. Y., wegen der ungewöhnlich großen Anzahl von Kirchen, die diese Stadt enthält.

CITY OF ELMS, die Ulmenstadt, ist ein populärer Name der Stadt New Haven, Conn., in welcher einige Straßen von hohen Ulmen oder Rüstern dicht beschattet sind.

CITY OF MAGNIFICENT DISTANCES, die Stadt der prächtigen Entfernungen oder Abstände, ist ein der Stadt Washington, D. C., der Hauptstadt der Vereinigten Staaten, deswegen gegebener Name, weil dieselbe nach einem großartigen Plane ausgelegt ist, wonach sie eine 4½ Meilen lange und 2½ Meilen breite Fläche, also mehr als elf Quadratmeilen, einnehmen soll.

CITY OF NOTIONS wird in Amerika spottweise die Stadt Boston, Mass., als Metropole des Yankeethums, genannt. Unter Notions oder

Yankee Notions versteht man als Handelsartikel allerlei kleine Gegenstände, die in den Neu-England-Staaten angefertigt werden, oder auch solche, die der Erfindungsgeist der Yankees für irgend einen besonderen Zweck erfunden oder von der üblichen Form in eine neue verändert hat. — Vgl. Hub of the Universe, Athens.

CITY OF ROCKS, die Felsenstadt, ist ein beschreibender, populärer Name für die Stadt Nashville, Hauptstadt von Tennessee.

CITY OF SPINDLES, die Spindelstadt, ist Lowell, Mass., weil sich daselbst die meisten und größten Spinnereien und Fabriken von Baumwollenwaaren in den Vereinigten Staaten befinden.

CITY OF THE STRAITS, die Stadt der Straße, ist Detroit. Detroit ist französisch und bedeutet Meerenge, Straße (wie in „Straße von Gibraltar"), was im Englischen durch den Plural The Straits ausgedrückt wird. Obigen Beinamen erhielt die Stadt, weil sie am westlichen Ufer des Flusses oder der Straße liegt, welche den See St. Clair mit dem Erie-See verbindet. Detroit heißt auf Indianisch Wawonutona, d. i. der Weg der Wasserenge.

Cleveland, s. Forest City.

CRESCENT CITY, die Halbmondstadt, ist ein populärer Name für New Orleans.

Der ältere Theil der Stadt wurde eine Einbucht des Mississippi entlang gebaut, wodurch sie in Halbmondform erschien. Bei ihrer Vergrößerung hat die Stadt den Fluß aufwärts sich weit ausgedehnt, so daß sie eine entgegengesetzte Biegung des Mississippi ausfüllt, und die am Flusse hinlaufende Seite der Stadt die Form eines S angenommen hat.

Detroit, s. City of the Straits.

EMPIRE CITY, die Reichsstadt, heißt New York, als die Hauptstadt der westlichen Welt und die Metropole des Empire State. So wie die Stadt vom Staate diesen Namen, so hat der Staat von den Einwohnern der Stadt New York den Namen Knickerbocker State erhalten.

FALL CITY, die Stadt der Fälle, wird Louisville, Ky., von den Fällen oder Stromschnellen genannt, welche dort der Schiffahrt auf dem Ohio hinderlich sind.

FLOUR CITY, die Mehlstadt, ist eine populäre Benennung von Rochester, N. Y., weil die Stadt sich durch großen Umfang der Mehlfabrikation auszeichnet.

FLOWER CITY, die Blumenstadt, heißt Springfield, Ill., die Hauptstadt des Staates Illinois, welche wegen der Schönheit ihrer Umgebungen berühmt ist.

FOREST CITY, die Waldstadt, ist ein Name für Cleveland, Ohio, mit Beziehung auf die vielen Schmuck- und Schattenbäume in den Straßen der Stadt.

GARDEN CITY, die Gartenstadt, ist Chicago, Ill., weil die Stadt ausgezeichnet ist durch die Zahl und Schönheit ihrer Privatgärten. Ein neuer Spottname ist CITY OF RATS, die Rattenstadt.

GATE CITY, die Pforten- oder Thorstadt, wird gewöhnlich Keokuk in Iowa genannt. Die Stadt liegt nämlich am Fuße der unteren Stromschnellen oder Fälle des Mississippi, welche sich zwölf Meilen weit erstrecken, mit einem Gefälle von 24 Fuß; ein Theil der Stadt ist auf einem Steilufer (bluff) von 150 Fuß Höhe erbaut. Hier ist also der Beginn der Schiffahrt auf dem Mississippi, oder die Pforte, welche dieselbe öffnet.

GIBRALTAR OF AMERICA ist ein häufig vorkommender Name für Quebec,] welches durch seine natürlichen Vertheidigungsmittel, sowie durch seine künstlichen Befestigungen, vielleicht der festeste Platz in Amerika ist.

GOTHAM ist ein populärer Name für die Stadt New York. Er kömmt zuerst in "Salmagundi", einer humoristischen Schrift von Washington Irving, Wm. Irving und J. K.

Paulding, vor und wird der Stadt gegeben, weil die New Yorker (Gothamiten) so große "wiseacres" seien, d. h., Narren, Thoren oder Leute, die sich auf vermeintliche Klugheit viel zu Gute thun. Sehr häufig hört man die Anspielung auf „die drei klugen Männer von Gotham, welche in einer Suppenschüssel zur See gingen." Das hier gemeinte Gotham ist eine Ortschaft in Nottinghamshire, England, welche seit lange — wie Böotien in Griechenland, Abdera in Thracien, Schöppenstädt in Deutschland — wegen Dummheit ihrer Einwohner berühmt war. Man erzählt von ihnen, daß sie einmal den Kukuk hörten, und da sie ihn nicht zu Gesicht bekommen konnten, den Busch einzäunten, aus welchem der Kukuksruf hervorging. Noch jetzt wird in Gotham der „Kukuksbusch" gezeigt. — Fuller sagt: „Die sprichwörtliche Redensart: „So klug wie ein Mann von Gotham" gilt allgemein als Bezeichnung eines Narren, und Hunderte von Narrheiten werden erdacht und den Gothamiten zugeschrieben." — Gotham war besonders zu den Zeiten Heinrichs VIII. und der Königin Elisabeth berühmt, und ein in jener Zeit entstandenes Buch "Merry Tales of the Mad Men of Gotham" (Lustige Geschichten der närrischen Leute in Gotham) wurde, und wird noch, wie die deutschen Volksbücher „Till Eulenspiegel," „Münchhausen," u. s. w., nebst den "Ballads," oder Volksliedern in England verkauft. — In Thornton's „Nottinghamshire" wird die obige Redensart von folgendem Vorfalle abgeleitet: — Als König Johann durch Gotham nach Nottinghamshire passiren wollte, ließen dies die Gothamiten nicht zu, weil sie glaubten, daß der Grund, über den ein König reis'te, auf ewige Zeiten eine öffentliche Landstraße werde. Der König war natürlich aufgebracht über dies ihm in den Weg gelegte Hinderniß und sandte Leute ab, die Stadt zu züchtigen. Die Gothamiten ersannen nun ein Mittel, dem Zorn des Königs zu entgehen. Als die Abgesandten den Ort betraten, fanden sie Jedermann diese oder jene Narrheit ausführend, so daß sie in das Hoflager zurückkehrten und berichteten: Ganz Gotham sei ein Narrenhaus.

Hannibal, s. Bluff City.

HUB OF THE UNIVERSE, die Nabe des Weltalls, ist ein populärer Name für Boston, Mass., welchen der amerikanische Humorist O. W. Holmes ursprünglich der Stadt gegeben hat, um die Meinung der Einwohner von der Wichtigkeit ihrer Stadt zu verspotten, und liegt in der Metapher deutlich ausgedrückt, daß die Bostoner meinten, die ganze Welt drehe sich um Boston, wie das Rad um seine Nabe. — Vgl. Athens of America, Modern Athens, Puritan City.

Indianapolis, s. Railroad City.

IRON CITY, die Eisenstadt, ist in den Vereinigten Staaten eine volksthümliche Benennung der Stadt Pittsburg, Pa., weil dieselbe sich durch zahlreiche und große Eisen- und Eisenwaaren-Fabriken besonders auszeichnet. — Vgl. Smoky City.

Keokuk, s. Gate City.

Louisville, s. Fall City.

Lowell, s. City of Spindles.

MODERN ATHENS, das heutige Athen, Athen unserer Zeit, ist in England eine Bezeichnung Edinburgs in Beziehung auf seine Lage auf Felsenhöhen in der Nähe der See, sowie auf seine gelehrten Anstalten. — In Amerika wird dieser Name der Stadt Boston, Mass., gegeben, wegen der unter den Bewohnern weit verbreiteten Bildung und wegen der vielen wissenschaftlichen und literarischen Institute, welche daselbst gegründet sind.

MONUMENTAL CITY, die Monumentstadt, heißt Baltimore, Md., wegen der daselbst errichteten Denkmale. Die Monumente, welche der Stadt den Beinamen gegeben haben, sind eine zu Washington's Ehren errichtete 140 Fuß hohe dorische Säule von weißem Marmor, mit einer Wendeltreppe im Innern, die bis zum Gipfel führt, und ein Obelisk von Marmor, zum Andenken der 1814 bei Vertheidigung der

Stadt Baltimore gegen die Engländer gefallenen Krieger.

MOUND CITY, die Hügelstadt, wird St. Louis, Mo., genannt nach den vielen, von Menschenhand aufgeworfenen Erdhügeln, welche sich in der Gegend fanden, in welcher die Stadt erbaut ist.

New Haven, s. City of Elms.

Nashville, s. City of Rocks.

New Orleans, s. Crescent City.

New York, s. Empire City, Gotham.

Philadelphia, s. City of Brotherly Love, Quaker City.

Pittsburg, s. Iron City, Smoky City.

PORCOPOLIS, Schweinstadt, ist Cincinnati, Ohio, wegen der vielen Tausende von Schweinen, welche in den dortigen Schlächtereien und Fleischpackereien jährlich geschlachtet werden, worin jedoch jetzt Chicago mit Cincinnati konkurrirt.

PURITAN CITY, die Puritanerstadt, wird Boston, Mass., häufig genannt, mit Anspielung auf den Charakter und die strengen Sitten seiner Gründer und früheren Einwohner.

QUAKER CITY, die Quäkerstadt, ist eine gewöhnliche Benennung von Philadelphia, Pa., welches von Wm. Penn und einer ihn begleitenden Colonie englischer „Freunde" oder Quäker gegründet wurde.

Quebec, s. Gibraltar of America.

QUEEN CITY, die Königinstadt, oder QUEEN OF THE WEST, die Königin des Westens, sind Namen, welche der Stadt Cincinnati, Ohio, zu der Zeit gegeben wurden, als sie die unbestrittene Handelsmetropole des Westens war. — S. Porcopolis.

QUEEN CITY OF THE LAKES, die Königinstadt der Seen, wird bisweilen die Stadt Buffalo, N.Y., genannt, wegen ihrer Bedeutung, die aus ihrer Lage an den großen Seen entspringt.

RAILROAD CITY, die Eisenbahnstadt, heißt Indianapolis, die Hauptstadt des Staates Indiana, als der frühere Endpunkt (terminus) verschiedener Eisenbahnen. Indianapolis ist jetzt fünfzig Jahre alt. George Pouge baute hier sein Blockhaus in 1816, aber mit dem Auslegen der Stadt wurde erst zwei Jahre später der Anfang gemacht. In 1829 wurden Contrakte für die Arbeit an der National-Road ausgegeben und das Volk war hocherfreut, weil sie eine direkte Route nach dem Osten versprach. In 1839 wurden 324 Stimmen bei der Stadtwahl abgegeben, welches eine Bevölkerung von ungefähr

2000 zeigt. Am 1. Oktober 1849 wurde die Madison Eisenbahn, die erste im Staate, vollendet. Fernere Routen wurden verlangt und Bahnen nach Bellefontaine, Terre Haute, Peru und Lafayette wurden befürwortet, und die Agitation hörte nicht auf, bis acht Linien gebaut waren und die Stadt als die Railroad City des Westens bekannt wurde. Seit jener Zeit wurden drei fernere Linien hinzugefügt, so daß jetzt elf Eisenbahnen in der Stadt münden, und die Bevölkerung ist seit 1847 von 4,000 auf 50,000 gestiegen.

SMOKY CITY, die Rauch- oder Rußstadt, wird Pittsburg, Pa., als eine bedeutende Fabrikstadt, genannt. Der Verbrauch einer ungeheuren Menge bituminöser Steinkohlen erzeugt daselbst dichte Rauchwolken, welche die Luft in und um den Ort erfüllen, und die daraus herabfallenden Rußflocken beschmutzen die Kleider und die Wäsche und geben den Gebäuden ein dunkles, rußiges Aussehen.

Springfield, s. Flower City.

St. Louis, s. Mound City.

Washington, s. City of Magnificent Distances.

V.

Personen.

ABE, OLD, war ein dem Präsidenten Lincoln gegebener Spitzname, nach den Anfangsbuchstaben seines Vornamens Abraham.

APOSTLE OF IRELAND, der Apostel Irland's, wird noch jetzt der von den Irländern so hochgeehrte St. Patrick genannt, als erster Bekehrer der heidnischen Bewohner der Insel. Er wurde geboren gegen Ende des vierten Jahrhunderts und starb 483 (oder 493) nach Christi Geburt. Wie er in seinen „Bekenntnissen" erzählt, wurde er durch Visionen angetrieben, den Irländern das Evangelium zu predigen, um sie zu dem Christenthum zu bekehren. Es gelang ihm, das Christenthum in Irland zu verbreiten; er gründete Kirchen und Schulen. Es wird von ihm Folgendes erzählt: — Er predigte einmal vor einem mächtigen Häuptlinge und dessen Volke über einen einigen Gott und die Dreieinigkeit. Dies war dem Häuptling, wie noch heute Vielen, zu hoch, und derselbe fragte, wie denn Drei Eins sein könnten? St. Patrick ließ sich nicht auf eine streng theologische Definition ein, sondern dachte, ein einfaches Beispiel würde besser als Erläuterung und Beweis dienen; er bückte sich also und pflückte ein

Shamrock-Blatt und sagte: „Da seht ihr, daß Drei Eins sein können." Der Häuptling, überrascht durch diesen Beweis, verlangte sofort getauft zu werden, und sein Stamm folgte seinem Beispiel. — Shamrock ist ein irisches Wort und soll ursprünglich eine Art Sauerklee (Oxalis) bezeichnet haben, welcher drei Blättchen an einem Stiele hat oder ein Dreiblatt bildet. Jetzt wird allgemein der weiße Klee, Trifolium repens, darunter verstanden, der das National-Emblem der Irländer geworden ist, das sie an ihrem Festtage, dem St. Patrickstage (17. März), tragen.

APOSTLES, THE TWELVE, OF IRELAND, die zwölf Apostel Irlands, wurden zwölf Prälaten des sechsten Jahrhunderts genannt, welche eine Art Corporation gebildet zu haben scheinen und eine Jurisdiktion über die übrigen Geistlichen (Saints) Irlands ausübten. Sie waren Schüler des heiligen Finnian von Clonard und ihre Namen werden noch angegeben.

Bard of Avon, s. Sweet Swan of Avon.

BARD OF AYRSHIRE, der Barde von Ayrshire, wird Robert Burns, der beliebte Bauerndichter Schottlands, der in der Graffschaft Ayrshire geboren wurde und lebte, genannt.

BEARS AND BULLS, Bären und Bullen, sind Benennungen von Personen, die im Börsenspiel an der Stockbörse betheiligt sind. Die Stocks, welche hier verkauft werden, besitzt der Verkäufer nicht, sie sollen auch gar nicht wirklich geliefert werden, sondern, wenn die Zeit der Lieferung gekommen ist, wird nach dem derzeitigen Kurse abgerechnet, und die verlierende Partei bezahlt die Differenz zwischen dem Werthe der Stocks, den sie am Lieferungstage haben und demjenigen der stipulirt ist. Ein Bär wird nun Derjenige genannt, der sich kontraktlich verpflichtet hat, zu liefern; sein Interesse ist es, den Kurs so weit als möglich unter dem stipulirten Preise zu erhalten; er sucht also die Kurse herabzudrücken, wie der Bär mit seinen Tatzen die Beute niederdrückt. Ein Bulle wird dagegen Derjenige genannt, der sich kontraktlich verpflichtet hat, zu nehmen; sein Interesse ist es, dahin zu operiren, daß die Stocks in die Höhe gehen, daß ihr Kurs über den Preis, wozu er gekauft hat, gehoben wird, wie der Bulle mit seinen Hörnern Gegenstände hebt und in die Höhe wirft. Die Bären spekuliren à la baisse, die Bullen à la hausse.

BLUENOSES, Blaunasen, ist ein Spottname der Bewohner von Nova Scotia. So sagte ein englisches Blatt bei Gelegenheit des Besuches des Prinzen Arthur in Nova Scotia: „Der schwach gelockte Backenbart des Prinzen Arthur soll die Träume der schönen Blaunasen erfüllen. Er wird mit Diners und Fêten überhäuft, so daß er in die Fußstapfen des großen Fürsten tritt, dessen Namen er führt, nämlich des Königs „Arthur von der Tafelrunde“ (S. d. unter VII.). Sie mögen jedoch ihre Zaubermittel sparen — nicht dort wird er seine Guinever (s. unter Arthur) suchen.“

BOHEMIAN, ein Böhme, Zigeuner, ist ein in neuer Zeit aufgekommener Spitzname für die oft sehr zudringlich und unverschämt auftretenden Zeitungsreporter.

CANUCKS ist ein Spottname der Canadier, entstanden durch Korruption des Wortes Canadian.

COPPERHEADS ist ein während des letzten Krieges entstandener Name zur Bezeichnung einer Partei in den nördlichen Staaten, von welcher allgemein angenommen wurde, daß ihre Sympathieen vollständig mit den Rebellen seien, und daß sie die Rebellion durch Vereitlung oder Hinderung der Regierungs-Maßregeln unterstützten. Der Name ist von einer höchst giftigen Schlange, the copperhead, Trigonocephalus contortrix, der Kupferschlange, hergenommen, deren Biß ebenso tödtlich ist, als der der Klapperschlange, und die sich von Florida bis zum 45. Grade nördlicher Breite findet. Da die Kupferschlange nicht, wie die Klapperschlange, vor ihrem Angriffe warnt, so ist sie de Typus eines versteckten, lauernden Feindes.

COW BOYS, Kuhjungen, war im amerikanischen Revolutionskriege der Name von Banden von Marodeurs oder Plünderern, die hauptsächlich aus flüchtigen Anhängern der Britten bestanden und den sogenannten „neutralen Boden“ zum Schauplatz ihrer Schandthaten wählten, indem sie zwischen den amerikanischen und brittischen Linien alle Diejenigen ausplünderten, welche dem continentalen Congreß Treue gelobt hatten. — Man vergleiche Skinners.

DEVIL, der Teufel, Druckerteufel, wird allgemein der Lehrjunge in einer Buchdruckerei genannt. Dieser Spitzname soll folgenden Ursprung haben. Der berühmte Drucker Manutus in Venedig, der die Erfindung Guttenbergs vervollkommnete, hatte in seinem Geschäfte einen Negerknaben. Da der Aberglaube, von den Mönchen angeschürt, die neue Kunst anfänglich verfolgte, so hielten viele der Ungebildeten den Jungen wirklich für den Satan, der dem Manutus beistehe, und derselbe wurde allgemein der kleine schwarze Druckerteufel genannt. Um dem Gerede ein Ende zu machen, berief Manutus eine Versammlung, und forderte Alle auf, heranzukommen, um sich zu überzeugen, daß der schwarze Junge Fleisch und Blut sei. Der Wahn, daß der Junge der oder ein Teufel sei, verschwand, aber der Name blieb. — Andere hierher gehörige Ausdrücke, die in gewöhnlicher Conversation vorkommen, sind TYPO, Setzer, eine Abkürzung von Typographer; SUB, abgekürzt von Substitute, ein Aushelfer, ein Setzer, der nicht fest angestellt, nicht beständig beschäftigt ist.

FATHER OF HIS COUNTRY, das lateinische Pater Patriae, der Vater des Vaterlandes. Diesen Beinamen erhielt von den Römern Cicero wegen des Eifers, Muthes und der Klugheit, welche er darin bewies, daß er die Verschwörung des Catilina enthüllte und die Führer in derselben zur Strafe zog. Derselbe Titel wurde dem Marius angeboten, welcher ihn ablehnte. Später führten denselben mehrere der Cäsaren, ebenso Cosmo de Medici und andere europäische Fürsten. Derselbe Beiname ist vom amerikanischen Volke auf WASHINGTON, den Helden des Revolutionskrieges, den Gründer des festen Baues der amerikanischen Republik, übertragen worden.

FIGHTING JOE, der fechtende Joseph, war im Rebellionskriege ein Spitzname des tapferen General Hooker.

FIRE EATER, Feuerfresser, ist ursprünglich ein Charlatan, der vorgeblich brennende Stoffe verschlingt. Sodann bezeichnet das Wort ebenso wie Hotspur, Heißsporn, einen heftigen, leidenschaftlichen, vorschnellen Mann. Daher wurden die politischen Führer der Südlichen mit diesem Worte bezeichnet, weil sie im Congreß und in politischen Versammlungen Maßregeln zur Förderung ihrer Separatinteressen so oft mit großer Heftigkeit forderten und sogar mit Drohungen oder Gewalt durchzusetzen suchten.

FLUNKY, ein Livreebedienter, ist Einer von jener Klasse speichelleckender Schranzen, die hinter hochgestellten Personen schweifwedelnd herlaufen, dieselben auf Schritt und Tritt verfolgen und in ihrer Nähe an ihrer Größe theilzunehmen sich einbilden. — Flunkyism ist in den Augen des ächten Republikaners das Erbärmlichste, zu dem sich ein Mensch — denn Männer thun das nicht, herabwürdigen kann. Leider ist auch die Presse nicht frei von Flunkyism.

FREEHOLDER, der Freisaß. Freehold ist nach englischem Rechte ein Freilehn oder Freigut; Freeholder ist derjenige, der ein solches Gut für seine Lebenszeit oder als vererbliches Eigenthum besitzt. In Amerika versteht man unter Freeholder einen unabhängigen Grundeigenthümer.

FREESOILER, Freistaatler, war in den der Rebellion der Südstaaten voraufgehenden parlamentarischen Kämpfen die Bezeichnung der Anhänger des Grundsatzes, daß die Sklaverei auf die Staaten, in denen sie bestand, beschränkt bleiben und von allen neu entstehenden Staaten der Union ausgeschlossen werden solle.

FUDGE, MR., ist eine verächtliche Bezeichnung eines lügenhaften mündlichen oder schriftlichen Erzählers oder Berichterstatters.

FUNK, PETER, Peter Funk; mit diesem Namen wird auf Auktionen ein Mann bezeichnet, der mit den Auktionären im Einverständnisse ist und mitbietet, ohne kaufen zu wollen, um die Gebote für die Waaren in die Höhe zu treiben. Hat er das höchste Gebot, so nennt der Ausrufer irgend einen Namen, dem die Waare zugeschlagen sein soll, und weil in solchem Falle häufig „Peter Funk" genannt wurde, so ist dieser Name dem Hinauftreiber gegeben worden. Häufig werden mit diesem Namen solche Leute bezeichnet, welche ein Geschäft daraus machen, Unerfahrenen, namentlich Landleuten und Fremden, durch Verauktionirung werthvoller Waaren, die aber vor Ablieferung gegen werthlose vertauscht werden, oder anscheinend werthvoller Waaren, namentlich Uhren, Goldsachen 2c., die durch „Peter Funk" in die Höhe getrieben werden, zu betrügen. — Solche Leute, welche auf jede mögliche Weise Landleute und „Grüne" zu betrügen suchen, werden von den Deutschen „Bauernfänger" genannt.

GEORGE DANDIN bezeichnet selbstgeschaffene Noth und Verlegenheit, bisweilen auch einen einfältigen Menschen. G. Dandin, der Held einer Komödie von Moliere, ist ein reicher Franzose, der die Tochter eines altadligen Hauses heirathet und durch die Coquetterie seiner leichtsinnigen und stolzen Frau in viele Schwierigkeiten und Conflikte mit seinen noch stolzeren Schwiegerältern geräth; er erhält nie Recht und ruft dann aus: "Tu l'as voulu, George Dandin!" (Du hast es so gewollt, George Dandin!) — was weit und breit eine sprichwörtliche Redensart geworden ist.

GRUNDY, MRS., oder DAME, Frau oder Dame Grundy wird häufig in Morton's Komödie "Speed the Plow" erwähnt, obgleich sie keine der darin auftretenden Personen ist. Die stete Besorgniß der Frau Ashfield, die sich in diesem Stücke in den Worten „Was wird Frau Grundy sagen" oft offenbart, hat der Letzteren große Berühmtheit gegeben, und vorstehende Frage ist sprichwörtlich geworden. — Außerdem ist Dame Grundy auch die Personifikation des Geklatsches über andere Personen. So sagt Easterbrooks z. B. in seiner Erzählung "Tested" von der Heldin derselben: „Sie war so heiter, sie erzählte, sie scherzte, bis Dame Grundy erklärte, sie sei bezaubert."

Hickory, s. Old Hickory.

JACK, Jan, Hans, Hansel, ist eine Abkürzung von John, und kömmt, wie das deutsche Hans und Jan in Hanswurst, Hansnarr, Hanshasenfuß, Hans Liederlich, Hans-ohne-Sorge, Janhagel rc. häufig in Zusammensetzungen und Redensarten vor, um verschiedene Charaktere spottweise zu bezeichnen, z. B. Jack-an-apes, ein Affe, Maulaffe; Jack-a-dandy, ein Laffe, Narr; Jack-catch, der Henker: Jack-pudding, der Hanswurst; Jack-sauce, der freche Kerl, Narr; Jack-tar, der Matrose, Therjack; Jack-weight, ein dicker Kerl; Jack-a-lent (Jack in lent), ein Einfaltspinsel (eine mit Lumpen bekleidete Puppe, nach welcher man in der Fastenzeit warf); Jack of the clockhouse, das Glockenmännchen; Jack at-a-pinch, der Brotdieb; Jack of all sides, der Wetterhahn, ein Mensch, der auf beiden Achseln trägt; Jack at all trades, wofür auch das lateinische Johannes Factotum, ein Mensch, der in allen Sätteln gerecht ist; was seine Augen sehen, das können seine Hände machen; Jack-in-office, ein unverschämter Beamter; Jack-on-both-sides, Einer, der sich neutral zu halten sucht; Jack-out-of-doors, ein Heimathloser; Jack-out-of-office, Einer, der sein Amt verloren hat; Jack would teach his grandam, das Ei will klüger sein als die Henne; to play the Jack with any one, einen am Narrenseil führen.

JACK-WITH-THE-LANTERN, Hans mit der Laterne, PEG-A-LANTERN,

oder WILL-WITH-THE-WISP, Wilhelm mit dem Wisch (Stroh- oder Heu-), ist in dem Aberglauben früherer Zeiten ein böser Geist, der es liebt, nächtliche Reisende irre zu führen, indem er die Gestalt eines sich vor ihnen hin bewegenden Lichtes annimmt. Es ist damit das „Irrlicht“ oder der „Irrwisch“ gemeint, eine Erscheinung, von der Tausende sprechen, die aber kein Einziger von ihnen gesehen hat.

JENKINS ist eine vulgäre Personifikation von feilen Schriftstellern, die ums Brod schreiben.—S. Penny-a-liners.

JOHN-A-DREAMS, Hans im Traum, bezeichnet einen geistesträgen, unaufgeweckten Menschen. Der Ausdruck wird schon von Shakespeare gebraucht.

KETCH, JACK, ist der Hängmann oder Henker. Der Name soll historisch sein, und zwar der eines unter James II. gelebt habenden Mannes, der sich durch die Exekutionen vieler braven und edlen Männer, die während der „blutigen Assisen“ durch den berüchtigten Jeffreys verurtheilt wurden, allgemein verhaßt machte. S. Jack.

KING COTTON, König Baumwolle, ist eine volksthümliche Personifikation des Haupt- oder Stapelproduktes der Sklavenstaaten oder der südlichen Staaten der Union. Die Suprematie der Baumwolle scheint zuerst von J. H. Hammond ausgesprochen worden zu sein, und zwar in einer Rede, die er am 4. März 1858 im Senate der Vereinigten Staaten hielt. Er sagte darin: „Nein, ihr wagt nicht, Krieg gegen die Baumwolle zu führen! Keine Macht der Erde darf dagegen Krieg führen. Baumwolle ist König! Wer kann zweifeln, wenn er die letzten Ereignisse erwägt, daß die Baumwolle Alles beherrscht?"

LAST OF THE MOHICANS, der letzte Mohikaner, ist der Indianer-Häuptling Uncas in dem gleichnamigen Romane Coopers. Der Ausdruck wird häufig scherzhafter Weise gebraucht, um Etwas als das Letzte seiner Art zu bezeichnen.

LITTLE GIANT, der kleine Riese, wurde der Senator Stephan A. Douglas (1813—1861) genannt, ein ausgezeichneter amerikanischer Staatsmann, Führer der demokratischen Partei, und Präsidentschafts-Candidat eines Theils dieser Partei in der Wahlcampagne, in welcher Abraham Lincoln gewählt wurde. Der Spitzname drückt den Gegensatz aus zwischen seiner körperlichen Erscheinung und seiner geistigen Größe und Energie.

LITTLE MAGICIAN, der kleine Zauberer oder Schwarzkünstler, war ein populärer Spitzname Martin Van Buren's, Präsidenten der Vereinigten Staaten von 1837—

1841. Der Name ist eine Anspielung auf seinen vermeintlichen Scharfsinn und seine politischen Fähigkeiten.

LITTLE MAC oder LITTLE NAPOLEON wurde McClellan genannt, als er im Anfange des letzten Krieges Oberfeldherr wurde, und Viele glaubten, durch ihn werde die Union gerettet werden.

LOCO-FOCO ist ursprünglich eine 1834 von John Marck in New York hergestellte Cigarre, welche am Ende eine durch Friktion sich entzündende Masse hatte. Mit diesem Namen wurde 1834 die demokratische Partei benannt. Bei einer Versammlung derselben in Tammany Hall, N. Y., war großer Zwiespalt ausgebrochen; der Vorsitzende verließ seinen Stuhl und die Lichter wurden ausgelöscht. Allein Diejenigen, welche für extreme Maßregeln waren, holten Loco-focos hervor und zündeten damit die Lichter wieder an, setzten die Verhandlungen fort und erreichten ihren Zweck. Daher erhielt die Partei den Namen Loco-focos.

LOTHARIO, THE oder A GAY, der oder ein lustiger Lothario, ist die Personifikation eines dem Genusse, ohne Rücksicht auf Moral, ergebenen Menschen. Lothario ist ein Charakter in Rowe's "The Fair Penitent," und zwar ein Charakter, der einen lockeren Lebemann und Frauenverführer darstellt. Nach dem in der Tragödie vorkommenden Verse: "Is this that haughty, gallant, gay Lothario?" ist der Ausdruck "a gay Lothario" sprichwörtlich geworden.

LOUIS, ein Louis, ist der Geliebte einer Prostituirten, der sich durch sie von ihrem Sündengelde unterhalten läßt, die verächtlichste Klasse von Mannspersonen, die sich denken läßt.

LYNCH, JUDGE, Richter Lynch, ist die in Amerika populäre Personifikation einer ungesetzlichen Rechtspflege, welche das Volk, oft der Pöbel, in die Hand nimmt, indem es Verbrecher, ohne gesetzliche Form bestraft, entweder der öffentlichen Gerechtigkeit zuvorkommend oder ihr entgegenhandelnd. Der Ausdruck soll von einem Farmer Lynch in Virginia herstammen, der auf die angegebene Art das Gesetz in seine Hand nahm. — Nach Anderen soll die Entstehung dieses Ausdrucks in Folgendem begründet sein: Im Jahre 1496 erhenkte ein Vater, ohne Anklage und Richterspruch, seinen eigenen Sohn, der Fremde bestohlen und gemordet hatte. Dieser Vater war Mayor von Galway, Irland, und hieß James Lynch — daher lynch law, das Lynchgesetz, Lynchrecht, und to lynch, lynchen.

MAD ANTHONY, der wüthende oder tolle Anton, war im Revolutionskriege ein

Spitzname des General-Majors Anthony Wayne (1745—1796), welcher sich durch militärisches Talent und ungestümen Muth in jenem Kriege auszeichnete.

MAIDEN QUEEN, VIRGIN QUEEN, THE, die jungfräuliche oder Jungfer-Königin, sind häufig vorkommende Benennungen der Königin Elisabeth von England, welche, 25 Jahre alt, 1558 zur Regierung kam und 1603, 70 Jahre alt, starb. Nachdem sie drei Monate auf dem Throne gesessen, erschien vor ihr eine Deputation des Hauses der Gemeinen, welche ihr im Namen der Nation die Bitte vortrug, sich zu vermählen, worauf sie erwiederte: ein Marmorstein solle einst der Welt bezeugen, daß eine regierende Königin als Jungfrau gelebt habe und gestorben sei. Die meisten Geschichtsschreiber stimmen jedoch darin überein, daß ihr Recht auf den Namen „jungfräuliche Königin" sehr schlecht begründet war. — Carlyle nennt sie Maiden Queen, indem er sagt: „Um jene Zeit fragt er blos, ob die „Jungfer-Königin" an der Nase roth und auf den Backen weiß geschminkt sei, wie ihre Kammerfrauen, als sie aus Spleen und ihrer Runzeln wegen nicht mehr in den Spiegel sehen wollte, sie zu bemalen pflegten."

Mormon, s. Utah, unter III. Staaten &c.

MOTHER ANN, Mutter Anna, ist der

Name, womit Anna Lee, (1735—1784) benannt wird. Sie war die Prophetin oder „geistliche Mutter" und stand an der Spitze der Gesellschaft oder Sekte der Shakers, und führt unter den Mitgliedern dieser religiösen Partei allgemein obigen Namen. Sie wird als eine „zweite Offenbarung Christi," in weiblicher Gestalt, betrachtet, während Jesus die männliche Offenbarung ist. — Die Shaker nennen sich „die tausendjährige Kirche" und leiten ihren Ursprung von den Albigensern oder „französischen Propheten," wie sie dieselben nennen, ab, welche 1705 nach England kamen. Sie bekehrten einen Schneider James Wardley und dessen Frau in Bolton, Lancashire, und von diesen wurde Anna Lee um 1757 bekehrt, welche 1768 zur „Mutter" der Kirche erkoren wurde. Da die an Zahl unbedeutende Sekte in England Verfolgungen erfuhr, ging Mutter Anna mit 8 Anhängern, darunter auch ihr Mann, 1774 nach Amerika, und die Gesellschaft kaufte sich 1776 in der Nachbarschaft von Viskanna, jetzt Watervliet, an. Ihre Colonie, 2000 Acres groß, existirt noch immer, und die Shaker leben noch heute, wie vor hundert Jahren.

MOTHER CAREY. Dieser Name kommt in der Redensart "Mother Carey's chickens," „Mutter Carey's Küchlein," vor, womit die englischen Matrosen den Sturmvogel, Stormy petrel

(Procellaria pelagica), bezeichnen, einen kleinen Seevogel, der gewöhnlich vor einem bevorstehenden Sturme sich sehen läßt, in kleinen Scharen dicht über die Wellen dahinfliegt, und als Ankündiger von Sturm betrachtet wird. Der Ursprung dieses Ausdruckes läßt sich nicht bestimmt nachweisen. Einige erblicken darin eine Korruption des italienischen Mater Cara, die theure Mutter (Gottes), unter welchem Namen die italienischen Seeleute die Jungfrau Maria, als Schutzpatronin der Seefahrer, verstehn. Wenn es schneit, so sagen die Matrosen: „Mutter Carey rupft ihre Gans.“ Diese Redensart wird von der deutschen Mythe hergeleitet, wonach es heißt: die Schneeflocken sind die Federn oder Daunen, welche von dem Bette der Göttin Holda (Frau Holle) fallen, wenn sie dasselbe beim Aufmachen schüttelt.

MOTHER GOOSE, Mutter Gans, wird oft für eine fingirte Person gehalten, wie in einem berühmten französischen Mährchenbuche von Ch. Perrault, "Contes de ma mère l'Oye," welches 1697 erschienen ist. Der englische Name soll jedoch historisch sein, worüber Folgendes erzählt wird: — Mutter Goose gehörte zu einer wohlhabenden Familie in Boston, Mass., wo sie geboren wurde und lange Jahre lebte. Ihre älteste Tochter, Elisabeth Goose, verheirathete sich 1715 mit einem unternehmenden Buchdrucker Namens Thomas Fleet, einem spaßliebenden Manne, der seine besten Freunde und nächsten Verwandten nicht schonte, wenn er auf ihre Kosten einen Spaß machen konnte. Als seine Frau das erste Kind geboren hatte, war die Freude der Großmutter außerordentlich groß; sie war früh und spät in der Kinderstube, oder wanderte mit dem Enkelchen im Hause umher, indem sie fortwährend ihre Ammen- und Wiegenlieder sang, die sie in ihrer Jugend gelernt hatte. Dies wurde zuletzt allen Hausbewohnern und namentlich dem Papa Fleet lästig; allein er wußte sich diese Belästigung zu Nutze zu machen. Er schrieb die Lieder seiner Schwiegermutter nieder, druckte sie, und ließ sie unter dem Titel: „Gesänge für die Kinderstube, oder Mutter Goose's Kinder-Melodien" im Jahre 1719, zum Preise von 2 Coppers, erscheinen. Daher ist später „Mutter Goose" die Repräsentantin der Ammenmährchen und ersten Kinderschriftchen geworden.

NIGGER, eine Korruption des Wortes Negro, ist ein vulgärer und verächtlicher Spottname des Negers.

OLD BULLION, Alt Silbergeld oder Silberbarren. Unter Bullion wird, im Gegensatze zu Papiergeld aller Art, ungemünztes Gold und Silber in Barren oder auch Gold- und Silbermünzen verstanden, wenn der Werth derselben nach dem Gewichte oder der Masse bestimmt und als Sicherheit für ausgegebene Papiere in den Bankgewölben deponirt wird. Old Bullion war ein dem Obersten Th. H. Benton, einem ausgezeichneten amerikanischen Staatsmanne (1782—1852), gegebener Spitzname, weil derselbe Gold- und Silber-Kourant als das einzige Mittel zur Beseitigung der finanziellen Schwierigkeiten empfahl, darin die Vereinigten Staaten nach Ablauf der Berechtigung oder des Charters der Amerikanischen Nationalbank verwickelt wurden.

OLD GROG, Alt Grog, ist ein Spitzname, den die Matrosen der brittischen Marine dem Admiral Edward Vernon (1684—1757) gaben, weil er bei schlechtem Wetter einen Grogram-Rock trug. Grogram, vom alt-französischen grosgrain, bezeichnet ein grobes, rauhes, dickes Gewebe, etwa wie Pilot cloth, Flaus oder Flausch. Später wurde die abgekürzte Form grog auf ein Getränk, bestehend aus einer Mischung von Rum oder Whisky mit kaltem Wasser übertragen, das von dem Admiral auf den Kriegsschiffen eingeführt wurde.

OLD HARRY, oder LORD HARRY, Alt oder Lord Heinrich, Alt Hinz, ist ein sehr populärer Name des Teufels. Außerdem hat dieser Herr im Englischen viele Spitznamen, z. B.; OLD BENDY, (Alt Benedict?); OLD GENTLEMAN, der alte Herr, ein Name, den Mephistopheles im Faust auf Gott anwendet; OLD NICK, Alt Niklas; OLD SCRATCH; schottisch AULD ANE, (the old one, der Alte); AULD CLOOTIE, vom schottischen cloot, Huf, entsprechend dem deutschen Pferdefuß); AULD HORNIE, (von horn, der Gehörnte). Ferner: THE EVIL ONE, der Böse; THE FIEND, der böse Feind; THE PRINCE OF DARKNESS, der Fürst der Finsterniß; FATHER OF LIES, Vater der Lügen; LUCIFER, 2c., 2c.

OLD HICKORY, der alte Hickory, ist allgemein bekannt als der Spitzname, den die Soldaten 1813 dem General, späteren Präsidenten Andrew Jackson gaben. Die Entstehung dieses Namens wird folgendermaßen erklärt: — Die Soldaten nannten ihren General, wegen seiner Ausdauer unter Strapazen aller Art, zunächst „zäh," dann „zäh wie Hickory-Holz;" dann wurde er blos „Hickory" genannt, womit denn bald das bei den Amerikanern so beliebte, Zuneigung ausdrückende Eigenschaftswort „alt" verbunden wurde. — Nach Anderen soll dieser Name daher stammen, daß der General seinen Soldaten, als sie einmal ohne allen Mundvorrath waren, an seinem Beispiele zeigte, daß man den Hunger mit Hickorynüssen stillen könne. Der Hickory (Carya alba, C. glabra, C. amara) ist eine amerikanische Wallnußart; die Nüsse sind klein und haben eine sehr harte Schale, aus welcher der Nußkern nur mit Mühe und in kleinen Stücken hervorgeholt wird.

OLD HUNKERS, Alte Hunkers oder Fortschrittsfeinde, ist ein Spottname, der dem ultrakonservativen Theile der demokratischen Partei in den Vereinigten Staaten, namentlich im Staate New York gegeben wurde. Der Name ist abzuleiten von hunk, ein Klotz, Hinderniß der Bewegung, Klotz am Bein, und hunkerism ist Feindseligkeit gegen Fortschritt.

OLD PUBLIC FUNCTIONARY, der alte öffentliche Beamte, ist ein Spitzname des schwachen James Buchanan, des fünfzehnten Präsidenten der Vereinigten Staaten. Er wandte diesen Ausdruck zuerst auf sich selbst an, und zwar in seiner Jahresbotschaft an den Congreß im Jahre 1858. Der Name wird öfters auch scherzhafter Weise in O. P. F. abgekürzt.

MRS. PARTINGTON ist eine imaginäre alte Dame, deren lächerliche Redensarten ihr durch den amerikanischen Humoristen B. F. Shillaber in den Mund gelegt werden. Sie ist die Repräsentantin gewisser Damen geworden, welche, wie Smollet's Tabita Bramble und Sheridan's Mrs.

Malaprop, das Streben haben, unverstandene gelehrte Worte zu gebrauchen, und diese auf lächerliche Weise falsch anwenden.

PATHFINDER, der Pfadfinder, oder PATHFINDER OF THE ROCKY MOUNTAINS, ist ein Name der dem jetzigen Ex-Generalmajor John C. Fremont (geb. 1813) gegeben wurde, weil er viermal an der Spitze von Expeditionen zur Erforschung der Felsengebirge stand. Als Pathfinder, als Mann von gewaltiger Energie, als Einer, der sich in den schwierigsten Lagen als Mann bewährt und die Umstände klug zu benutzen versteht, bleibt Fremont groß und selbst im Auslande hoch geehrt, während er als Politiker und Feldherr sich keinen bleibenden Ruhm erworben hat.

PEASANT BARD, der ländliche, Land- oder Bauern-Barde, ist ein dem berühmten lyrischen Dichter Schottlands, Robert Burns, gegebener Name, weil er ein schlichter Farmer oder Bauer war, als er zuerst als Dichter bekannt wurde. Seine Sprache wird racy, frisch, originell genannt, ein Ausdruck, der zunächst vom Weine gebraucht wird, welcher nach Verschiedenheit des Bodens, darauf er gewachsen ist, einen verschiedenen Geschmack hat. Cowley sagt z. B.: "Rich, racy verses, in which we, the soil from which they come, taste, smell and see." Und Coleridge: "Burns' English, though not so racy as his Scotch, is generally correct."

RAIL SPLITTER, der Fenzriegelspalter, ist ein pöbelhafter Spitzname, der dem sechszehnten Präsidenten der Vereinigten Staaten, Abraham Lincoln, von den Anhängern seiner Gegenpartei gegeben wurde, die sich sogar nicht schämten, ihn the Baboon zu nennen. Es wird nämlich erzählt, daß Lincoln in seiner Jugend sich während eines Winters durch Handarbeit seinen Unterhalt erwarb und dabei auch Fenzriegel gespalten habe.

REGULATORS, Regulatoren, Ordner, ist der populäre Name einer Partei in Nord-Carolina, welche im Jahre 1768 auftauchte, zum Zwecke der gewaltsamen Beseitigung von Uebelständen, worüber die Bevölkerung sich beschwerte. Auch in anderen Staaten, z. B. in Arkansas, Texas, 2c., wurden solche Verbündete mit diesem Namen belegt, oder Diejenigen nannten sich selbst so, welche die Handhabung der Strafgerechtigkeit gegen Missethäter sich anmaßten und dort ausübten, wo in den ersten Zeit der Besiedlung die Gerichte nicht die Macht hatten, die Verbrechen, welche der dort zusammenströmende Abschaum der Gesellschaft aus anderen Staaten beging, namentlich Mord und Pferdediebstahl, zu bestrafen.

ROUGH AND READY, Grob und

Hurtig, Barsch und Schlagfertig, ist ein allbekannter Spitzname, der dem General Zacharias Taylor (1790—1850) dem zwölften Präsidenten der Vereinigten Staaten, wegen der hervorspringendsten Züge seines Charakters gegeben wurde. Auch wurde er von seinen Soldaten häufig OLD ZACH oder ZACK genannt.

ROUNDHEADS, Rundköpfe, war ein Spitzname der Puritaner in England zu den Zeiten Karl's I., den die „Cavaliers" ihnen gaben, weil sie die Sitte hatten, das Haar kurz geschoren zu tragen, während die Cavaliers, d. i. die Royalisten, die Hofpartei, das Haar lang und gelockt trugen. Der Name wurde auch auf die Anhäager des Parlaments übertragen, mochten dieselben Puritaner sein oder nicht.

SAINT TAMMANY, der heilige Tammany. Tammany oder Tamenund, korrumpirt Tamendy, war ein Indianer-Häuptling, zuerst im heutigen Staate Delaware, später an den Ufern des Ohio wohnend. Er bewies sich stets als ein Freund der Weißen, und als er sich in spätem Alter von der Führung seines Stammes zurückgezogen hatte, wanderte Jung und Alt zu seinem Wigwam, um ihn Weisheit predigen zu hören. Seine Mahnung war hauptsächlich: „Seid einig, im Frieden, um glücklich zu sein, im Kriege, um euch zu vertheidigen." — Tammany ist vom Volke der Vereinigten Staaten heilig gesprochen und von einem Zweige der demokratischen Partei als Schutzpatron erwählt worden. Wann und von wem er zuerst den Titel eines Heiligen bekam, und wer auf den Einfall kam, ihn zum Schutzgeist der Demokratie zu ernennen, ist nicht bekannt. — In einem alten Schauspiele heißt es: „Heut ist der erste Mai; unsere Schäfer und Nymphen feiern den glorreichen St. Tammanytag. Der Tag soll der Freude und Festlichkeit geweiht sein."

SAM SLICK ist der Titel und der Held mehrerer humoristischer Erzählungen von Th. C. Hallburton in Nova Scotia, darin die Eigenthümlichkeiten des Yankeecharakters in übertriebener Weise dargestellt worden.

SKINNERS war der Name der Mitglieder einer Art Räuberbande im Revolutionskriege, welche Anhänglichkeit an die amerikanische Sache bekannten, aber von Plünderungslust getrieben, den „neutralen Boden" zwischen den beiden feindlichen Heeren durchstreiften und Alle ausplünderten, welche nicht den Eid der Treue leisten wollten.

STONEWALL JACKSON, Steinmauer-Jackson, ist ein Beiname, der während des letzten Krieges dem General Th. J. Jackson (1824—1863), einem der ausgezeichnetsten Anführer in dem Rebellenheere, von den Conföderirten gegeben wurde. Die Veranlassung zu dieser Benennung des energischen, tapferen Generals waren einige Worte, welche der General Bee zu seinen Soldaten sprach, als er sie in der Schlacht von Bull Run am 21. Juli 1861 aufforderte, sich zu sammeln und Stand zu halten: „Da ist Jackson; er steht wie eine Steinmauer!" — Von dem Tage an hieß Jackson „Stonewall Jackson" und seine Truppen die „Stonewall-Brigade."

SWEET SWAN OF AVON, der liebliche Schwan von Avon, wurde Shakespeare nach dem Flusse, an dem sein Geburtsort liegt, zuerst von Ben Jonson in den bekannten lobpreisenden Versen genannt, welche der 1632 gedruckten zweiten Folio-Ausgabe von Shakespeare's Werken vorangedruckt wurden. Der Name ist seitdem allgemein geworden. Auch wird Shakespeare The Bard of Avon genannt.

SWEDISH NIGHTINGALE, die schwedische Nachtigall, ist ein populärer Name, welcher der berühmten Sängerin Jenny Lind, verehelichten Goldschmidt (geb. 1821 in Stockholm) gegeben wird.

TABLEHEADS, Tischköpfe, ist der allgemeine Spitzname der Einwohner von New Brunswick.

Tammany, s. Saint Tammany.

TARTUFFE ist ein gewöhnlicher Spottname

eines heuchlerischen Frömmlers. Er stammt von einem berühmten Schauspiele Molieres her, das denselben Namen hat und dessen Held, ein scheinheiliger Priester, diesen Namen führt.

TIPPECANOE wurde General William Harrison, später Präsident der Vereinigten Staaten, zuerst in der seiner Erwählung voraufgehenden Wahlcampagne genannt, mit Beziehung auf den Sieg, den er über die Indianer am 6. November 1811 am Zusammenfluß des Tippecanoe- und Wabashflusses erfocht.

TOM FOOL ist eine populäre Bezeichnung eines Thoren, närrischen Menschen.

TOM NODDY, TOM NOODLE, ist eine populäre Bezeichnung eines Narren, einer sehr thörichten Person, oder eine Personifikation der Narrheit.

UNKNOWN, THE GREAT, der große Unbekannte, wurde Walter Scott genannt, als Verfasser der „Waverley Novels," welche anonym erschienen sind. — S. Wizard of the North.

UPPER-TEN, Ueberzehner, ist eine vulgäre Benennung der durch großen Gelderwerb aristokratisch gewordenen Bürger der Vereinigten Staaten. Der Ausdruck ist eine Abkürzung von upper ten thousand, über zehntausend Dollars Jahreseinkommen.

Virgin Queen, s. Maiden Queen.

WAGONER BOY, der junge Fuhrmann, war ein Spitzname, der dem ausgezeichneten amerikanischen Staatsmanne und Congreßmitgliede Thomas Corvin gegeben wurde. Als er nämlich noch ein ganz junger Mensch war, stand General Harrison mit seinem Heere an der nördlichen Grenze der Union, von Provisionen gänzlich entblößt, und wandte sich an den Patriotismus des Volkes, um auf diesem Wege den nöthigen Mundvorrath zu erlangen. Corvin, der Vater, belud einen Wagen mit Lebensmitteln, und diese wurden von dem Sohne überbracht, der während des Restes der Campagne bei der Armee blieb und sich als ausgezeichneter Pferdelenker und Wagenführer bewies.

WIRE-PULLER, Draht-Zieher, ist nicht Einer, der Draht auszieht, sondern Einer, der beim Puppenspiele durch das Anziehen von Drähten die Figuren nach seinem Willen Bewegungen, Schwenkungen und Gestikulationen machen läßt. Daher bedeutet das Wort so viel als Intriguant, Einer, der bei seinen Reden und Handlungen geheime Absichten verfolgt. In der politischen Redeweise werden mit diesem Namen geschulte Politiker benannt, welche eine politische Partei zu ihrem eigenen oder zu ihrer Gönner Vortheil ausbeuten, sie an der Nase führen und unter dem

Deckmantel des Patriotismus, durch künstlich erweckte politische Aufregung, ihr selbstsüchtiges Interesse fördern. Sie sind der Krebsschaden unserer republikanischen Institutionen, und werden so lange zum Verderben derselben wirken, als es noch Leute giebt, die kein eigenes Urtheil haben, sondern das Bedürfniß fühlen, einem politischen Leithammel, der für sie denkt, blind zu folgen.

WIZARD OF THE NORTH, der Zauberer des Nordens, wird Sir Walter Scott, der große schottische Romandichter, häufig genannt, mit Beziehung auf den Zauber, den seine Schriften durch sein Beschreibungstalent und die Spannung, in welche sie den Leser versetzen, bei ihrem Erscheinen ausübten, so daß sie nicht nur mit dem größten Enthusiasmus aufgenommen wurden, sondern noch jetzt ihre ursprüngliche Popularität in hohem Maße behaupten.

VI.
Verschiedenes.

ALBANY REGENCY, die Albany-Regentschaft, wurde eine Verbindung schlauer Politiker der demokratischen Partei genannt, welche ihr Hauptquartier in Albany, N. Y., hatte und jahrelang die demokratische Partei leitete. Besonders kämpften diese Politiker dafür, daß W. H.

Crawford anstatt John Quincy Adams zum Präsidenten gewählt werde.

ALMIGHTY DOLLAR, der allmächtige Dollar oder Thaler, ist eine Personifikation des Hauptstrebens der Amerikaner, der Sucht reich zu werden, und wird als der Götze betrachtet, vor dem sie niederfallen und anbeten. Der Ausdruck wurde zuerst von Washington Irving gebraucht, der z. B. in "The Creole Village" sagt: „Der allmächtige Dollar, der Hauptgegenstand allgemeiner Verehrung im ganzen Lande, scheint in diesen eigenthümlichen Dörfern keine ächten Anbeter zu haben."

AULD LANG SYNE, schottisch für Old long since, ungefähr so viel als: die gute alte Zeit, ist eine Phrase, womit die Schotten bezeichnet werden, und welche die Erinnerung an längst vergangene glückliche Zeiten ausdrückt. In einem beliebten Liede von Burns heißt es: "The days of auld lang syne."

BARBECUE bedeutet ein größeres, unzertheilt gebratenes Thier; in Amerika aber auch ein im Freien abgehaltenes, zahlreich besuchtes Fest, wobei ganze Ochsen und andere Thiere über Gruben, darin große Massen glühender Kohlen durch Verbrennen von Holz angehäuft sind, gebraten und neben anderen Provisionen, incl. Whiskey, verzehrt werden. Das Wort soll durch Korruption des französischen barbe à queue, das ist von der Schnauze bis zum Schwanze, entstanden sein, ähnlich wie cap a pie, vom Kopf bis zu den Füßen (z. B. armed cap a pie) aus dem altfranzösischen de cap à pied, jetzt de pied en cap, entstanden ist.

BIBLE. Verschiedene Ausgaben der englischen Bibelübersetzung haben besondere Spitznamen erhalten. BREECHES BIBLE, Hosenbibel heißt die 1560 von Robert Hall in Genf gedruckte Bibel in 4to, wegen der eigenthümlichen Uebersetzung von 1 Mos. 3, 7.—The DOTTED BIBLE, die punktirte Bibel nennen die Bibliographen eine 1578 in London herausgegebene Bibel in Folio, welche Seite für Seite nach der Ausgabe von 1574 gedruckt ist.—VINEGAR BIBLE, die Essig-Bibel, wird eine 1717 in Oxford erschienene Bibelausgabe genannt, weil darin durch einen Druckfehler die Ueberschrift des zwanzigsten Kapitels des Evangeliums Lucas heißt, "Parable of the Vinegar," anstatt "Parable of the Vineyard."—WICKED BIBLE, die gottlose Bibel wurde eine Bibelausgabe genannt, welche 1632 von Barker und Lucas gedruckt wurde, weil in dem siebenten Gebote das Wort "not," (nicht) ausgelassen war. Die Drucker wurden deswegen vor die High Commission citirt, hatten eine hohe Geldstrafe zu zahlen, und die ganze Auflage wurde zur Vernichtung verurtheilt.

BLUE BOOK, das blaue Buch, ist in England eine nach der stehenden Farbe des Deckels so genannte parlamentarische Veröffentlichung von Dokumenten; in Amerika ein von der Regierung der Vereinigten Staaten veröffentliches Verzeichniß der Namen und des Gehaltes aller in Staatsdiensten stehenden Personen.

BLUE LAWS, die blauen Gesetze. Dies ist ein Spottname, welcher den seltsamen Anordnungen der Verwaltung der New Haven Ansiedlung (N. H. Plantation) gegeben wurde, wo die Behörden eine strenge Aufsicht über das Betragen der Colonisten führten und jeden Verstoß gegen gute Sitten, oft unter lächerlicher Förmlichkeit, bestraften. Eine Sammlung solcher Gesetze findet sich in einem kleinen Buche, betitelt: "The Code of 1650, &c.," welches 1825 in Hartford von Silas Andrus herausgegeben wurde. Die alten Gerichtsprotokolle der New Haven Colonie geben Zeugniß von dem strengen, finstern religiösen Geiste, der allen ersten englischen Ansiedlern gemein war. Das Kapitel "Capital Laws," über peinliche Verbrechen, ist fast wörtlich dem mosaischen Gesetze entnommen.—In England waren die Puritaner nach der Restauration unter Carl II. jeder Art von Beschuldigung und Schmähung ausgesetzt. Das Beiwort „blau" wurde auf Jeden angewendet, der die Frivolität und Zügellosigkeit iener Zeit mißbiltigte. Die Presbyterianer, in deren Namen alle Dissenters oft eingeschlossen waren, wurden ganz besonders „blau“ genannt. Es war natürlich, daß dieser Spottname auch seinen Weg nach den Colonien fand, und hier wurde das Beiwort nicht blos auf Personen, sondern auch auf Gebräuche, Institutionen, Gesetze rc. von denen angewendet, welche das streng puritanische Wesen lächerlich zu machen suchten.

BOSTON MASSACRE, das Bostoner Blutbad oder Gemetzel, ist eine populäre Bezeichnung eines Vorfalles, der sich am 5. März 1770 in den Straßen Boston's ereignete und insofern von historischer Wichtigkeit ist, als er die Gemüther der Bürger auf die nachfolgenden revolutionären Kämpfe vorbereitete. Am Abende des genannten Tages feuerte eine von einem Sergeanten kommandirte Wache der englischen Garnison auf eine sie umringende und mit Schneeballen bewerfende Menschenmenge, von welcher Drei getödtet und Mehrere verwundet wurden. Der Anführer der Stadtbewohner war ein Neger, Crispus Attucks.

BOSTON TEA-PARTY, die Bostoner Theegesellschaft. Mit diesem Namen wurde in volksthümlicher Redeweise die denkwürdige Versammlung der Bürger Boston's vom 16. Dezember 1773 benannt, welche gehalten wurde, um die gegen den Import gerichteten Beschlüsse der Colonien zur Ausführung zu bringen. Als Indianer verkleidet gingen die Bürger an Bord dreier Schiffe, die eben in den Hafen eingelaufen waren, und zerstörten mehrere Hundert Kisten Thee. Das brittische Parlament schloß zur Strafe dafür den Hafen von Boston.

CANARD, eine Ente, Zeitungslüge, ist ein französisches Wort, daß die Engländer adoptirt haben. Der Ursprung dieses Ausdrucks wird folgendermaßen angegeben: Ein französischer Schriftsteller setzte zur Verspottung der extravaganten lügenhaften Tagesneuigkeiten folgende absurde Geschichte über die Gefräßigkeit der Enten in Umlauf. Von 20 zusammen eingesperrten Enten wurde Eine getödtet und mit Federn und Allem in kleine Stücke geschnitten; diese wurde den 19 Enten vorgeworfen, welche sie sofort verschlangen. Dasselbe wurde mit gleichem Erfolge wiederholt, bis nach kurzer Zeit eine einzige Ente übrig blieb, welche die übrigen 19 verschlungen hatte. — Diese Geschischte machte die Runde durch fast alle europäischen Zeitungen, und nachdem sie einige Jahre vergessen war, wurde sie in amerikanischen Journalen aufgefrischt. Seitdem wurden lügenhafte Berichte "canards," „Enten" genannt.

CAUCUS bedeutet eine politische Versammlung, die einer Wahl oder auch einer Generalversammlung einer Partei vorausgeht, um Kandidaten für öffentliche Aemter zu ernennen oder die Parteiinteressen zu fördern. Das Wort ist wahrscheinlich durch Korruption von Calkers' oder Caukers' meeting entstanden. Am 2. März 1770 entstand in Boston ein Streit zwischen Soldaten und Seilern oder Reifschlägern, wobei Letztere den Kürzeren zogen. Die Stadtbewohner waren hierüber sehr erbittert und suchten sich zu rächen. Am 5. desselben Monates schossen die Soldaten bei einem ähnlichen Streite auf das Volk und tödteten Mehrere, (s. Boston Massacre). Hierauf vereinigten sich die Reifschläger mit den Kalfaterern (Calkers) und in ihren Versammlungen wurden die heftigsten Reden gehalten und die stärksten Beschlüsse gegen das brittische Gouvernement und dessen Instrumente in Amerika angenommen. Die Tory's nannten diese Versammlungen spöttischer Weise Calkers' meetings, woraus mit der Zeit Caucus wurde.

CRADLE OF LIBERTY, die Wiege der Freiheit, ist ein populärer Name für **FANEUIL HALL**, einem großen öffentlichen Gebäude in Boston, Mass., berühmt als der Ort, wo die Redner der Revolution das Volk zum Widerstande gegen die brittische Unterdrückung aufreizten.

DARK DAY, der finstere Tag, wird

der 19. Mai 1780 genannt. Dieser Tag war in ganz Neuengland so finster, daß man nicht im Stande war, Gedrucktes zu lesen. Die Vögel sangen ihre Abendlieder und verloren sich; die Hühner gingen auf ihre Stiegen, und in den Häusern mußte man Licht brennen. Die Finsterniß begann um 10 Uhr Vormittags und währte bis Mitternacht. Die Ursache dieses merkwürdigen Phänomens ist unbekannt geblieben.

DIVES wird häufig als Name des „reichen Mannes" im Gleichnisse vom Lazarus (Luc. 16) angesehen und so selbst in Schriften gebraucht. "Dives" ist ein lateinisches Eigenschaftswort und bedeutet „reich", oder substantivisch, „der Reiche, der reiche Mann."—Der Irrthum entstand daher, daß man auf alten Bildern, welche obige Parabel darstellen, die lateinische Unterschrift: "Dives et Lazarus," (der reiche Mann und Lazarus) fand und Dives ebenso wie Lazarus für einen Namen (nomen propr.) hielt.

ELEPHANT, TO SEE THE, den Elephanten sehen, bezeichnet das gewöhnliche Schicksal unerfahrener Fremder in New York und anderen großen Städten, bei ihrer Besichtigung der Merkwürdigkeiten und ihrer Theilnahme an den Vergnügungen, welche die Stadt bietet, in die Hände von Gaunern zu fallen, die sie unbarmherzig um ihr Geld bringen.

FATHER OF WATERS, der Vater der Gewässer, ist eine aus der Sprache der Indianer übersetzte Benennung des mächtigen Mississippi-Stromes, der während seines Laufes von 3100 Meilen viele große Flüsse in sich aufnimmt.

GRANARY OF EUROPE, die Kornkammer Europas, ist eine aus dem Alterthume stammende Benennung der Insel Sicilien, welche heutzutage nicht mehr angemessen ist, nachdem die herrliche Insel durch Despotismus und Pfaffenwirthschaft gegen früher verödet daliegt.

JACK FROST oder CAPTAIN JACK FROST, Hans Frost, ist eine populäre Personifikation des Winters oder Frostes. Ebenso GENERAL BOREAS, General Nordwind, und OLD ZERO, von Zero, der Null- oder Gefrierpunkt an Thermometern.

THE GREENEYED MONSTER, das grünäugige Ungeheuer, ist eine sehr häufig vorkommende Personifikation der Eifersucht.

KING OF WATERS, der König der Gewässer, ist ein dem Amazonenflusse oft gegebener Name.

LAKE OF THE CAT, der Katzensee, oder See der Katze, wurde der Eriesee von seiner Entdeckung bis zum Anfange des 18. Jahrhunderts genannt.

LAND OF NOD, das Land des Nickens, bezeichnet den Schlaf oder den Zustand des Schlafens. W. Scott sagt: "There's queer things chanced since ye hae been in the Land of Nod."—Bei dieser Redensart liegt unzweifelhaft eine scherzhafte Anspielung auf 1 Mos. 4, 16 zu Grunde, wo es heißt: "And Cain went out of the presence of the Lord, and dwelt in the land of Nod."

Malaprop, Mrs., s. Mrs. Partington. S.80.

MASON'S AND DIXON'S LINE, ist die südliche Grenzlinie zwischen dem freien Staate Pennsylvania und den früheren Sclavenstaaten Maryland und Virginia. Dieselbe liegt in 39° 43' 26.3" nördlicher Breite und wurde von den englischen Vermessern Ch. Mason und Jeremia Dixon von 1763—1767 gezogen. Während der lebhaften Congreß-Debatten des Jahres 1820 über den Ausschluß der Sklaverei vom Staate Missouri machte der excentrische John Randolph häufig Gebrauch von dieser Phrase. Dieselbe wurde von den Zeitungen adoptirt und so oft wiederholt, daß sie allgemein üblich wurde.

MISSOURI COMPROMISE, der Missouri-Kompromiß (Vergleich), ist ein populärer Name, welcher einem Congreßakte vom Jahre 1820 gegeben wurde, wodurch dem Kampfe der großen nördlichen und südlichen Sektion der

Ver. Staaten, um Beschränkung oder Erweiterung der Sklaverei in unserem Lande, ein Ende gemacht werden sollte. Durch diesen Akt wurde beschlossen, daß Missouri als Sklavenstaat in die Union aufgenommen werde, daß dagegen in Zukunft die Sklaverei in keinem der neuentstehenden Staaten nördlich von 36° 30′ der Breite eingeführt werden solle.

OLD LADY OF THREADNEEDLE STREET, die alte Dame von Threadneedle Straße, ist in London ein vulgärer Spitzname der Bank von England, welche in der genannten Straße sich befindet.

OMNIBUS BILL, ist die populäre Benennung eines Congreßaktes vom Jahre 1850, welcher diesen Namen erhielt, weil darin mehrere, auf ganz verschiedene Objekte bezügliche Maßregeln eingeschlossen waren. Die wichtigsten Stipulationen dieses Aktes waren: die Zulassung Californiens in die Union mit seiner gegen die Sklaverei gerichteten Konstitution; die Zulassung von Neu-Mexico und Utah als Territorien ohne Erwähnung der Sklaverei; die Abschaffung des Sklavenhandels im Distrikt Columbia, und das Gesetz über Auslieferung flüchtiger Sklaven.

ROCOCO, ist der Name eines Styles von Verzierungen in der dekorativen Kunst, in der Architektur, in Gartenanlagen, Ameublement, Stubenmalerei ꝛc., welcher in der Wiederbelebung und

Uebertreibung des französischen, zu den Zeit n Louis XIV. und XV. herrschenden Styles besteht. Die Ableitung des Wortes ist ungewiß; jedenfalls kömmt es nicht, wie Einige annehmen, von dem lateinischen recoquere, aufwärmen, her.

RODOMONTADE, Großsprecherei, Aufschneiderei, kömmt her von Rodomont, einem Prahlhelden im Orlando Furioso von Ariost und ebenso im Orlando inamorato von Bojardo. Der Name bedeutet: Einer, der Berge fortrollt.

THE THUNDERER, der Donnerer, ist ein populärer Name der Londoner Zeitung "Times," der ihr ursprünglich wegen der kraftvollen Sprache und eindrucksvollen Artikel gegeben wurde, welche der Herausgeber, Edw. Sterling, schrieb.

TRAPPERS, Fallensteller, bezeichnet Leute im fernen Westen, welche in unbesiedelten Gegenden, unter den Indianern lebend, von der Jagd und dem Fange wilder Thiere sich unterhalten, die sie schießen und fangen, um die Pelze derselben zu verkaufen.

UNDERGROUND RAILROAD, die unterirdische Eisenbahn, ist eine populäre Verkörperung der verschiedenen Mittel und Wege, welche von Gegnern der Sklaverei angewendet und benutzt wurden, um flüchtigen Sklaven behülflich zu sein, aus den südlichen Staaten nach dem Norden der Union oder nach Canada zu entkommen. Man gebraucht scherzhafter Weise auch die Abkürzung U. G. R. R.

UTOPIA, Utopien, ist ein aus den griechischen Wörtern ou, wo, und topos, der Ort, zusammengesetztes Wort, welches Thomas Moore (1480—1535) erfunden hat. Er benannte damit eine imaginäre Insel, welche ein Gefährte von Amerigo Vespucci (nach welchem Amerika den Namen erhielt) entdeckt habe, und die er darstellte als der größten Vollkommenheit in Gesetzen, Politik ꝛc. sich erfreuend, im Gegensatze zu den anderswo existirenden Mängeln. Das Wort ist jetzt in alle europäischen Sprachen übergegangen, um einen Zustand idealer Vollkommenheit, der in der Wirklichkeit unerreichbar ist, zu bezeichnen.

VERMILION SEA, das Scharlach- oder Karmesin Meer, der rothe Meerbusen, war in früherer Zeit ein Name, der dem californischen Meerbusen wegen der rothen Infusorien, die das Wasser desselben enthält, gegeben wurde.

WHISKEY INSURRECTION, der Whiskey-Aufstand, die Whiskey-Empörung, ist die populäre Benennuug eines Aufstandes im westlichen Pennsylvanien im Jahre 1794, hervorgerufen durch die Durchführung eines im Jahre 1791 passirten Steuergesetzes, welches auf selbstdistillirten Spiritus eine Steuer legte. Die Bewegung verbreitete sich auch über die angrenzenden Counties von Virginien und veranlaßte zwei Proclamationen des Präsidenten Washington, welche wirkungslos blieben. Der Aufstand wurde endlich durch General Lee, Gouverneur von Virginien, genannt "Light Horse Harry," Vater von Rob. E. Lee, dem Rebellen-Anführer im letzten Kriege, mittelst einer bewaffneten Macht, unterdrückt.

WHITE HOUSE, das weiße Haus. Unter diesem Namen wird allgemein das Executiv-Gebäude oder die amtliche Wohnung des Präsidenten in Washington, ein großes, weiß angestrichenes Steingebäude, verstanden.

YELLOW JACK, der gelbe Hans, ist ein unter den Seeleuten üblicher Name des „gelben Fiebers." Es ist wahrscheinlich, daß in diesem Namen Jack ursprünglich kein Eigenname war, sondern so viel bedeutete als yellow flag, die gelbe Flagge, denn Jack bedeutet in der Schiffersprache eine Flagge, z. B. Union Jack, English Jack, American Jack, &c.; die gelbe Farbe ist üblich für Fahnen, die über Hospitälern, Lazarethen und Quarantäneschiffen wehen.

VII.

Mythische und märchenhafte Personen und Dinge.

ARTHUR, KING, König Arthur, ist oftmals für eine mythische Person gehalten worden; nach Anderen war er ein berühmter König der Britten zur Zeit der Invasion der Sachsen und starb zu Glastonbury im Jahre 542 an den Wunden, die er auf dem Schlachtfelde von Camlan erhielt. Seine wirkliche Geschichte ist jedenfalls durch mönchische Chronisten und mittelalterliche Romanzendichter mit so vielen absurden Dichtungen durchwebt worden, daß man mit Recht zweifeln muß, ob er eine historische Person war. Er soll mit seiner schönen Frau GUINEVER zu Carleon am Usk in Wales residirt haben, wo Hunderte von Rittern und Fräulein stets seine glänzende Hofhaltung theilten. Von seinem Hofe gingen Ritter nach allen Ländern aus, um Frauen zu beschützen, Unterdrücker zu züchtigen, Bezauberte zu befreien, Riesen und boshafte Zwerge einzukerkern und andere ritterliche Abenteuer zu bestehen. Lange Zeit glaubte das Volk, König Arthur sei nicht todt, sondern nach einem Feenlande hinweggeführt worden, um daselbst von seinen Wunden zu genesen, und er werde zurückkehren und sein Volk wieder zum herrschenden in Britannien machen. — THE ROUND TABLE, der runde Tisch, die Tafelrunde, war der Sage nach ein großer Marmortisch, um den König Arthur mit seinen auserwählten Rittern, den Rittern von der Tafelrunde, zu sitzen pflegte. Nach einigen Dichtern waren daran, zur Erinnerung an die Jünger Jesu, 13 Sitze, wovon aber nur 12 durch Ritter vom höchsten Ruhme besetzt waren; der 13te Sitz wurde als der des Verräthers Judas leer gelassen. Nach Anderen waren 50 oder 60 Sitze vorhanden, von denen Einer leer blieb für den SANGREAL. Sangreal oder St. Graal wurde der Kelch genannt, den Jesus beim Austheilen des Abendmahles gebrauchte. Der Sage nach war er aus einem einzigen Steine, nach Einigen aus einem Smaragde gemacht; er wurde mit dem Blute gefüllt, das aus den Wunden Jesu bei der Kreuzigung floß, und von Joseph von Arimathia aufbewahrt. Diesem Gefäße wurden wunderbare Eigenschaften zugeschrieben, z. B. die Kraft, die Keuschheit zu bewahren. In Romanzen ist von St. Graal oft die Rede, und es wird erzählt, daß viele Ritter der Auffindung desselben ihr Leben opferten. — S. Flower of Kings.

BIMINI ist eine fabelhafte Insel, die nach Einigen zur Bahama-Gruppe gehören, nach Andern sehr weit westlich liegen sollte. Nach einer unter den Eingebornen von Puerto Rico gangbaren Sage war auf dieser Insel eine Quelle, welche die Kraft besaß, alte Leute wieder jung zu machen. Der berühmte spanische Seefahrer Juan Ponce de Leon hat sich lange bemüht, diese Insel aufzufinden, und dabei im Jahre 1512 Florida endeckt.

CINDERELLA, (wie das französische Cendrillon, vom lateinischen cinis, Asche) Aschenbrödel, Aschenputtel, ist die Hauptperson eines weitverbreiteten Mährchens, welches auch den Stoff zu einer wohlbekannten Oper gegeben hat. Die Geschichte soll griechischen oder egyptischen Ursprungs sein und wird in Deutschland im 16. Jahrhundert in Rollenhagens „Froschmäuslern" erwähnt; in Frankreich wurde sie von Perrault eingeführt.

COCKAGNE, das Schlaraffenland, ist in burlesker Sprache London mit seinen Vorstädten. Der Name bezeichnet ein imaginäres Land voll jeglichen sinnlichen Genusses, dessen Bewohner nicht zu arbeiten brauchen. Es ist der Gegenstand eines berühmten satyrischen englischen Gedichtes, das etwa um 1300 geschrieben worden ist. In Deutschland hat es Hans Sachs unter dem Titel „Schlaraffenland" zum Gegenstande eines humoristischen Gedichtes gemacht. — Das Wort ist jedenfalls verwandt mit Cockney, einer Benennung der Londoner, im Gegensatz zu Landbewohnern, und zwar derjenigen Klasse, welche die

Cockneysprache sprechen, die sich in der schlechten Aussprache von dem Englischen der Gebildeten und Vornehmen unterscheidet. — Im 16. Jahrhundert wurde von englischen Dichtern für obigen Ausdruck der Name LUBBERLAND substituirt.

CRISPIN, ist der Schutzheilige der Schuhmacher und wird als Solcher bei feierlichen Prozessionen des Gewerkes dargestellt. Er wird auch als Heiliger und Märtyrer von der katholischen Kirche verehrt. Es wird erzählt: Im dritten Jahrhundert, unter der Regierung des Kaisers Diocletian, begleiteten Crispin und dessen Bruder Crispian den St. Quentin, als dieser das Evangelium in Frankreich predigte. Die beiden Brüder ließen sich in Soissons nieder und erhielten sich, während sie das Werk der Bekehrung fortsetzten, durch Schuhmacherei bis zu ihrem Märtyrertode im Jahre 287.

Doe, John, s. Noakes.

ERL-KING, Erlkönig, ist ein Elementargeist, der den Menschen, besonders Kindern, durch Täuschungen Verderben bringt. Der Erlkönig, von Einigen von Erle (alder) abgeleitet, von Anderen fÿr identisch mit Elfenkönig gehalten, wurde in Deutschland durch Herders Uebersetzung der dänischen Ballade: „Olaf und Erlkönig's Tochter“ eingeführt und ist besonders durch Göthe's Lied „Erlkönig“ allgemein bekannt geworden.

FLOWER OF KINGS, die Blume der Könige, lateinisch Flos regum, ist ein Name für König Arthur (s. d.), der ihm zuerst durch Joseph von Exeter, einen lateinischen Dichter des 12. Jahrhunderts, gegeben wurde.

GINGERBREAD, GILES, Aegidius Pfefferkuchen, ist der Held eines alten berühmten englischen Kindermährchens.

Godiva, The Countess, s. Peeping Tom.

Graal, St. Graal, St. Greal, the Holy Grail, s. Arthur, King.

Guinever, s. Arthur, King.

HIAWATHA ist eine mythische Person von wunderbarer Entstehung, von welcher die Indianer Nordamerikas glaubten, daß sie unter sie gesandt sei, um ihre Flüsse, Wälder und Fischereien von allem Nachtheiligen zu reinigen, und die Künste des Friedens zu lehren. Die Erzählung von Hiawatha ist von Longfellow zum Stoffe eines Gedichtes dieses Namens gewählt worden.

JACK AND GILL, Hans und Julchen, sind zwei bekannte Personen in einem alten sehr verbreiteten englischen Ammenmährchen.

JACK AND THE BEAN-STALK, Hans und der Bohnenstängel, ist der Name eines alten Ammenmährchens, wahrscheinlich von deutschem Ursprunge. Ein Knabe wurde von seiner Mutter ausgesandt, eine Kuh zu verkaufen. Er begegnete einem Fleischer und überließ diesem die Kuh für einige bunte Bohnen, welche die erzürnte Mutter wegwarf. Eine Bohne fiel in den Garten und wuchs in einer Nacht so außerordentlich, daß am Morgen ihr Kopfende den Himmel erreichte. Hans kletterte an dem Bohnenstängel höher und höher und kam in ein großes Land. Nach verschiedenen Abenteuern begegnete er einer Fee, welche ihn nach dem Hause eines Riesen schickte, von dem er mit Schätzen beladen wurde. Als er wieder herabstieg, wollte ihm der Riese folgen; Hans ergriff sein Messer und durchschnitt den Bohnenstängel; der Riese fiel auf die Erde herab und zerschmetterte, worauf jener mit seiner Mutter in Herrlichkeit lebte.

JACK THE GIANT-KILLER, Hans Riesentödter, ist der Name des Helden eines Mährchens deutschen oder indoeuropäischen Ursprungs. Der Stoff dieser Erzählung ist im Persischen, Alt-Skandinavischen, Deutschen und Englischen verschiedenartig bearbeitet, aber immer im Grunde derselbe. Was in dem deutschen Mährchen der tapfere, kleine Schneider, das ist im Englischen Jack the Giant-killer, welchen z. B. Johnson in Folgendem erwähnt: „Während er (Junius) wie „Hans Riesentödter" in einem Mantel der Finsterniß (unsichtbar) einhergeht, kann er mit geringer Kraft großes Unheil anstiften." — Masson sagt: „Unser Jack the Giant-killer, ist offenbar die letzte Umwandelung der alt-britischen Sage von Corineus, dem Trojaner, dem Gefährten des Trojaners Brutus, als dieser sich in Britannien niederließ. Dieser Corineus, ein sehr starker und guthmüthiger Mann, ist zufrieden mit dem Königthum über Cornwall, und nachdem er die eingeborenen Riesen daselbst getödtet hat, überläßt er dem Brutus die ganze übrige Insel, indem er sich nur vorbehält, gerufen zu werden, um besonders mächtige Riesen, die sich in Brutus' Besitzungen vorfänden, abzuthun."

JONES, DAVY, David Jones, Freund Hain, ist eine unter den Matrosen übliche Bezeichnung des Todes. In früheren Zeiten verstand man darunter einen bösen Geist, welcher die Dämonen der See befehligen sollte. Man glaubte, daß er in allen Stürmen anwesend sei, daß man ihn bisweilen erblicke, und zwar als ein Wesen von riesenhafter Größe, mit drei Reihen scharfer Zähne im weiten Munde, großen furchtbaren Augen und weiten Nasenlöchern, aus denen blaue Flammen strömten. Das Meer wird daher von den Seeleuten Davy Jones' Locker, David Jones Kammer, genannt.

KING COLE, König Cole, ist ein mythischer König von Britannien, der im 3ten Jahrhundert gelebt haben soll, und in Halliwell's

"Nursery Rhymes of England" eine Rolle spielt. — Whipple sagt z. B.: „Der ehrwürdige König Cole würde hier wenig Unterthanen finden, die seine lustige Herrschaft anerkennten."

KING LOG, König Klotz, ist eine häufig vorkommende Beziehung auf Aesops Fabel von den Fröschen. Die Frösche, müde des Lebens ohne Regierung, baten Jupiter um einen König. Er warf einen Klotz, als Herrscher, unter sie. Zuerst fürchteten sich die Frösche vor dem Herrscher; doch nach und nach wurden sie mit seinem Wesen bekannt, und ihre Furcht ging in Verachtung über. Jetzt baten sie Jupiter um einen anderen König. Da sandte er ihnen den Storch, der sogleich anfing, seine Unterthanen zu verschlingen. Als die unzufriedenen Frösche den Jupiter darauf nochmals um einen anderen König baten, gab er ihnen die Antwort: „Wer nicht zufrieden ist, wenn's ihm wohl geht, muß geduldig sein, wenn's ihm schlecht geht."

KLAUS, PETER, Peter Klaus, ist der Held einer alten Volkssage, welche z. B. in Otmars „Volkssagen" erzählt wird. Wash. Irving hat diese Sage Zug für Zug in sein Sketch-book aufgenommen, nur daß er die Scene nach Amerika, vom Harze nach den Kaatskill-Mountains, verlegt und Peter Klaus in Rip van Winkle umtauft. — S. Rip Van Winkle.

KRISS KRINGLE oder KRISSKINKEL ist ein bei englischredenden Amerikanern häufig vorkommender Ausdruck für eine imaginäre Person, den Weihnachtsmann, worauf in der Weihnachtszeit die Eltern Ihre Kinder verweisen, um sie zur Artigkeit zu ermahmen, und auf dessen Gaben zur Weihnacht die Kinder hoffen und warten. Krißkinkel hat die Stelle des alten rothbackigen holländischen Santa Claus oder St. Nicolaus, St. Nicholas, eingenommen der, der katholischen Legende nach, Bischof von Myra war, im J. 326 n. Chr. gestorben sein soll und der Schutzheilige derKinder geworden ist. St. Nicholas wurde der Weihnachtmann der Engländer, und man erzählte den Kindern, daß er mit einem schön aufgeschirrten Gespanne, mit einem Wagen voll schöner Geschenke aus seiner Heimath weg und überall umherfahre, um die guten Kinder zu belohnen und durch wohlgefüllte Strümpfe ihre Beharrlichkeit in Liebe und Gehorsam gegen die Eltern zu ermuntern. Das Wort Krißkinkel ist eine Corruption des deutschen Christkindlein oder Christkindel, welches am Abend vor Weihnacht im besten Zimmer des Hauses erscheint, den Weihnachtbaum anzündet und unter denselben die Geschenke legt, worauf die Kleinen so lange gehofft haben. In Frankreich ist der Weihnachtsbaum nicht üblich, allein die Kinder wissen, daß "l'enfant Jesus" (das Kind Jesus) kömmt, und sie stellen am Weihnachtabend ihre Schuhe vor die Hausthür oder in die Asche des Kamins, worin sie am nächsten Morgen eine Kupfer-, Silber- oder Goldmünze finden, je nachdem ihr Betragen im verflossenen Jahre war. Die Amerikaner haben den (korrumpirten) deutschen Namen mit der französischen und englischen Sitte vereinigt. Die Kinder hängen um Weihnachten ihre Strümpfe am Kamin auf, ja Erwachsene hängen Säcke unter der Porch auf, damit Eltern oder Freunde ihre Geschenke hineinthun.

LADY OF THE LAKE, die Dame vom See, oder des Sees, ist ein der Vivian oder Viviane, der Geliebten des Zauberers Merlin, gegebener Name, weil sie, umringt von Rittern und Damen, in einem prächtigen, mitten in einem See gelegenen Schlosse, der Sage nach gewohnt haben soll. — S. Merlin. — Außerdem ist Lady of the Lake der Titel eines Gedichtes Sir Walter Scotts, dessen Heldin, Ellen Douglas, die verbannte Favorite des Königs James ist, welche am Loch Katrine in Verborgenheit lebt.

LAMMIKIN, der blutdürstige Held einer bekannten schottischen Ballade, ist, auch unter den Namen Lamkin, Linkin, Belinken, Bold Rankin oder Baleanqual, durch Ammenerzählungen der Schrecken, der Wehrwolf oder Knecht Ruprecht für die schottischen Kinder geworden.

LILIPUT, ist ein erdichtetes Land, beschrieben in Swifts Satyre „Gullivers Reisen," und ist bewohnt von ganz kleinen Leuten oder Däumlingen. Diese Satyre geißelt hauptsächlich die Sitten und Gebräuche am Hofe. Georgs I. — Thomas Moore sagt z. B.: „Endlos ist die Mannigfaltigkeit der kleinen Geschosse der Bosheit, womit die Gullivers der literarischen Welt von den sie umgebenden Liliputern angegriffen werden." — Den Gegensatz bildet das Land BROBDINGNAG, ein Land, das Gulliver von thurmhohen Riesen bewohnt findet, mit der Hauptstadt Lorbrulgrud, was scherzhafter Weise durch „Stolz der Welt" übersetzt wird.

LITTLE RED RIDING-HOOD, Rothkäppchen, französ. Chaperon Rouge, ist die Heldin eines bekannten Mährchens, welches erzählt, daß ein kleines Mädchen vorstehenden Namens im Walde einem Wolfe begegnet, welche Listen der Wolf anwendet, zu sie berücken, und was für ein tragisches Ende sie nimmt. — Macaulay sagt: „Kein Mann, so gefühlvoll er auch sein mag, wird jemals durch Hamlet oder Lear so gerührt, wie ein kleines Mädchen durch die Geschichte des armen Red Riding-hood."

Lubberland, s. Cockagne.

MAB, QUEEN, Königin Mab. Mab

soll eine irländische Abkürzung von Martha sein. Die fabelhafte Prinzessin Mab wurde zur Königin der Feen und kömmt als solche in den Dichtungen des 15ten und folgenden Jahrhunderts vor. Shakespeare hat die Königin Mab in „Romeo und Julie," Akt 1., Sc. 4 beschrieben.

MAGI, THE THREE, die drei Weisen aus dem Morgenlande, welche nach Jerusalem kamen und dem neugeborenen Kinde Jesus Geschenke brachten, (Math. II). Magi ist der lateinische Ausdruck, womit diese Personen in der Vulgata (lateinischen Bibelübersetzung) benannt werden. Als ihre Namen gelten: Melchior, Jasper oder Caspar, und Balthasar. (Die englische Aussprache von Magi ist Mehdschei, mit weichem sch).

MERLIN, ist der oft erwähnte Name eines großen Zauberers, der zur Zeit des Königs Arthur lebte, und in Ritterromanen, in Spenser's Fairy Queen und in italienischen Romanzen vorkömmt. Endlich verschwand dieser berühmte Zauberer in England, und nur seine Stimme wurde noch in einem Walde gehört, wo er in einen Dornbusch eingeschlossen war. Er war dahin gebannt worden durch einen Zauberspruch, den er seiner Geliebten, Viviane, mittheilte. Diese glaubte nicht an den Zauber und versuchte seine Kraft an Merlin. Sie beweinte ihre That schmerzlich; doch gab es kein Mittel, ihren Geliebten aus seiner dornigen Hülle zu befreien. — S. Lady of the Lake.

NOAKES, John o' oder John a Noakes und Tom Styles oder John a Styles, und ebenso John Doe und Richard Roe sind fingirte Personen, welche im Prozesse früherer Zeit von den Advokaten, namentlich bei gerichtlichen Vertreibungen aus unbeweglichem Besitzthum, als fingirter Kläger uns Beklagter gebraucht wurden. Da diese Namen stets in Verbindung mit Prozessen gebraucht wurden, so haben sie auch die Bedeutung von streit- und prozeßsüchtigen Charakteren bekommen; außerdem wird damit der Pöbel, der große Haufen, das gemeine Volk bezeichnet. — Lower sagt: „Diese mythischen Parteien in so manchem gerichtlichen Verfahren, John Doe [Damhirsch] und Richard Roe [Reh, Ricke], stammen offenbar aus der Zeit der Jagdgesetze, wo das Wildpret ein geheiligtes Ding war." Und ferner: „John-A-Noakes und sein beständiger Gegenpart John Atte Style, waren vordem in unseren Gerichtshöfen ebenso bekannt, als die späteren John Doe und Richord Roe. Jack Noakes und Tom Styles — welche Phrase das ignobile vulgus [den Pöbel] bezeichnet — stammen in gerader Linie von diesen streitsüchtigen Parteien ab. Im Mittelalter wurde die Benennung "John at Style," allgemein zur Bezeichnung eines Plebejers gebraucht, und hat in etwas veränderter Form noch jetzt diese Bedeutung.“ — Sterne stellt als ein juristisches Problem die Frage auf: ob John o' Noakes' Nase ohne Rechtsverletzung in Tom o' Styles Gesicht stehen könne? — W. Scott sagt: „Heutzutage ist für einen Mann von Vermögen und Familie so wenig Gelegenheit, zu dem Ansehen an der Bar sich emporzuschwingen, welches Abenteurer erlangen, die ebenso bereit sind, für John a Noakes, wie für den ersten Edelmann des Landes, in die Schranken zu treten, daß mir die Rechtspraxis gar bald verleidet wurde.“

NUMBER NIP, ist eine Nachbildung des Namens Rübezahl, des bekannten Berggeistes des Riesengebirges in deutschen Mährchen. Nip ist hier durch Elision aus turnip, die Rübe, Brassica rapa, gebildet.

O'GROAT, John oder Johnny Groat, ist ein Name, der in der Redensart "John o' Groat's house" vorkömmt, womit ein Gebäude bezeichnet wird, das in früheren Zeiten auf Duncansby-Head, dem nördlichsten Punkte Großbritanniens, gestanden haben soll. Hier soll sich um 1489 John of Groat oder Groot aus Holland, mit seinen Brüdern niedergelassen haben. Nach der Sage war das Haus achtseitig und enthielt ein Gemach mit acht Thüren und acht Fenstern, um acht Glieder der Familie, die Häupter ebenso vieler Zweige derselben, einzulassen, und ihren Streit um den Vorrang bei Tische zu verhindern, der bei einer voraufgegangenen Gelegenheit beinahe tödtlich verlief. Durch diese Einrichtung hatte Jeder seinen eigenen Eingang, und Alle saßen an einem achteckigen Tische, an dem natürlich kein oberster Platz war.

OLD BOGY, ist ein in Ammenmährchen vorkommender Geist oder Dämon, mit dessen Namen, sowie mit Lilith, früher Kinder geschreckt wurden. — „Old Bogy war ein Gott, bis das Christenthum der Sachsen ihn zu einem Dämon der Ammenstube herabsetzte.“ — (Temple Bar.)

OLD MAN OF THE MOUNTAIN, der alte Mann vom Gebirge, ist der Name, welcher dem Profile Mountain, einer merkwürdigen Formation in der Franconia range von New Hampshire, gegeben wird. Es ist dies ein etwa 1000 Fuß über die Ebene sich erhebender Felsen, der unter einem gewissen Winkel betrachtet, einem menschlichen Angesichte ähnlich sieht.

Owain, Sir, s. St. Patrick's Purgatory.

OWLE-GLASS, ist das deutsche Eulenspiegel, wofür auch Howle-Glass, Owle-Spiegel und Ulen-Spiegel im Englischen gesagt wird. Tyll Eulenspiegel ist ein 1483 erschienenes plattdeutsches (niedersächsisches) Volksbuch, das in viele Sprachen übersetzt worden ist. Die alte englische Uebersetzung führt den Titel: The merrye jeste of a man that was called Howle-glass and of many marveylous things and jestes that he did in his lyfe in Eastland, imprinted at London in Tamestreete, at the Vintre, in Three Craned Warfe, by Wyllyam Copland.

PEEPING TOM OF COVENTRY, Lauscher Thomas von Coventry, wird häufig zur Bezeichnung eines Menschen von unbeherrschter Neugierde gebraucht. Der Ursprung dieser Phrase soll der Sage nach folgender sein: — Gräfin Godiva hatte eine große Vorliebe für den Ort Coventry und bat daher ihren Gemahl, den Grafen Leofric von Murcia, oft und dringend, den Platz von der drückenden Knechtschaft, darin er gehalten wurde, zu befreien. Endlich der Bitten müde, versprach er, ihre Bitte zu gewähren, unter der Bedingung, daß sie, nackt zu Pferde sitzend, die Stadt von einem Ende bis zum anderen durchreite. Sie erwiederte: „Willst Du mir erlauben, Solches zu thun?“ — Als er diese Frage bejahet hatte, stieg die edle Gräfin an einem bestimmten Tage nackt zu Pferde, nachdem sie ihr langes volles Haar aufgelöst hatte, das den ganzen Leib bis auf die Beine umhüllte. Sie ritt durch die Stadt und kehrte freudig auf das Schloß zurück, wo der Graf den

Einwohnern ihren Freibrief auszustellen hatte. Ehe Godiva ihren Ritt begann, hatte sie jedoch sämmtlichen Bewohnern der Stadt bei Todesstrafe geboten, sich in ihren Wohnungen und vom Fenster fern zu halten. Allein der strengen Strafe ungeachtet war Einer so neugierig, daß er sich nicht enthalten konnte, einen Blick auf die Straße zu thun, aber dies kostete ihm das Leben. Dieser wurde Peeping Tom genannt. Eine Figur zum Andenken an diesen Vorfall, wenn es nicht bloße Sage ist, ist lange Jahre in Coventry aufgestellt gewesen und noch jetzt in der Nische eines neueren Hauses an der High Street zu sehen.

PERCEVAL ist der Held eines alten Ritterromans dieses Namens, berühmt wegen seiner bei der Aufsuchung des Sangreals bestandenen Abenteuer. — S. Arthur, King.

PIED PIPER OF HAMELIN, der bunte Pfeifer von Hameln (lateinisch tibicen omnicolor) ist die englische Benennung für: der Pfeifer von Hameln. Der Sage nach kam ein Mann nach Hameln, im Braunschweigischen, und erbot sich gegen eine festgesetzte Summe, den Ort von Ratten und Mäusen vollständig zu befreien. Als er seine Pfeife blies, kamen alle diese Thiere zum Vorschein, und er führte sie pfeifend zur Stadt hinaus. Da ihm jedoch hierauf der bedungene Lohn nicht ausgezahlt wurde, blies er wieder seine Pfeife, und nun mußten ihm alle Kinder, 130 an der Zahl, folgen, die er in einen sich aufthuenden Berg führte, wo sie durch den sich wieder schließenden Berg für immer begraben blieben. Dies soll am 26. Juli 1284 oder am 22. Juli 1376 geschehen sein.

RED MAN, THE, der rothe Mann, (französisch Homme Rouge). Im Aberglauben Englands und Frankreichs ist dies ein Dämon des Sturmes, dem die Elemente gehorchen, und der Reisende in das Meer stürzt, wenn sie die Ruhe stören, die er liebt. In Frankreich ist der Glaube weit verbreitet, daß ein kleiner rother Mann Napoleon I. erschienen sei und ihm seinen Untergang vorhergesagt habe.

RIP VAN WINKLE, ist ein Name, der den Schlendrian liebenden, am Fortschritt sich nicht betheiligenden einzelnen Personen oder ganzen Einwohnerschaften beigelegt wird. Es ist dies der Name eines holländischen Kolonisten von New York, dessen Abenteuer in Wash. Irvings „Skizzenbuch" erzählt sind. Er traf einen Fremden mit einem Faß Branntwein in einer Schlucht der Kaatskill Mountains und half ihm das Faß bis zu einem schaurigen Orte in den Felsen tragen. Hier fand er eine Gesellschaft sonderbar aussehender Leute, welche mit der ernstesten Miene und feierlichem Schweigen Kegel schoben. Nachdem seine

Furcht sich allmählig gelegt hatte, wagte er es, unbemerkt das Getränk, welches das mitgebrachte Faß enthielt, zu kosten. Es mundete ihm; er trank davon wieder und wieder, so daß ihn zuletzt die Besinnung verließ und er in einen tiefen Schlaf fiel. Als er aus demselben erwachte, war ihm, als wenn er eine Nacht geschlafen habe, obgleich er in Wirklichkeit zwanzig Jahre geschlafen hatte. Während dieser Zeit waren natürlich große Veränderungen eingetreten: seine Frau war gestorben, seine Tochter verheirathet und Mutter geworden, seine Bekannten waren todt oder davongezogen; es war eine Revolution ausgebrochen, die Kolonien hatten das Joch des Mutterlands abgeworfen und führten als Republik den Namen „Vereinigte Staaten von Amerika" — und das Alles hatte Rip verschlafen. — S. Klaus, Peter.

Roe. Richard, s. Noakes.

Sangreal oder St. Graal, s. Arthur, King.

Santa Klaus, s. Kriss Kringle.

ST. PATRICK'S PURGATORY, Sankt Patricius' Fegefeuer, ist der Gegenstand und Ort einer lange Zeit in ganz Europa berühmten Legende. Die Scene ist nach Irland verlegt, und zwar auf eine Insel im Lough Derg. Die hier verhängten Strafen werden ebenso geschildert wie die der "Divina Commedia" von Dante. Der Stoff dieser Legende wurde im 14. Jahrhundert Gegenstand eines Romans, und wurde im 17. Jahrhundert in Spanien von Calderon dramatisirt. Sir Owain, ein Ritter an König Stephen's Hofe, soll durch St. Patricks Fegefeuer gegangen sein. Diese Legende wurde durch Heinrich, einen Benediktiner Mönch, um 1153 verfaßt und machte der Welt St. Patricks Fegefeuer zuerst bekannt.

SLEEPING BEAUTY IN THE WOOD, ist Dornröschen, (französisch La Belle au Bois dormant) die Heldin eines berühmten deutschen Mährchens.

Styles, Tom, s. Noakes.

Table, the Round, s. Arthur, King.

TERMAGANT oder TRIVAGANT, ist ein imaginäres Wesen, von dem die Kreuzfahrer, welche die Mohamedaner zum Theil für Heiden hielten, glaubten, es sei eine mohamedanische Gottheit. Dies Wesen wurde in Dramen und geistliche Theaterstücke aufgenommen als ein sehr heftiger Charakter. Daher sagt Hamlet: „Ich würde solchen Buben dafür gepeitscht haben, daß er Termagant überboten hat."

TOM THUMB, Däumling, ist der Name einer sehr diminutiven, nur einige Zoll hohen Person, die in den englischen Sagen, wie der Däumling in den deutschen Mährchen, oder wie Le Petit Poucet in den französischen, eine Rolle spielt.

Er wird in König Arthurs Zeit versetzt. In der Bodleyan Library findet sich ein englisches Buch, betitelt: „Tom Thumb, sein Leben und Tod; worin man erklärt findet viele merkwürdige, mannhafte Thaten, voll Wunder und sonderbarem Spaß. Welcher kleine Ritter zu König Arthurs Zeit lebte und berühmt war am großbritanischen Hofe. London, gedruckt für John Wright, 1630."

WHITTINGTON, DICK, ist der Held einer bekannten alten Sage. Er wird dargestellt als ein armer Waisenknabe, der nach London kam und von einem reichen Handelsherrn als Küchenjunge angestellt wurde. Er hatte hier ein hartes Loos und schlief unter dem Dache, wo Ratten und Mäuse ihm keine Ruhe ließen, bis er sich eine Katze anschaffen konnte. Als der Handelsherr ein Schiff in See zu senden beabsichtigte, erhielten alle seine Diener die Erlaubniß, einen Handelsartikel, zum vortheilhaften Verkaufe, mitzusenden. Dick gab das Einzige, das er hatte, seine Katze mit. Das Schiff kam an die Küste der Berberei, wo der Kapitän und Steuermann an den Hof geladen wurden. Hier waren aber Ratten und Mäuse in großer Menge und in hohem Grade lästig. Der Kapitän ließ Dick's Katze vom Schiffe holen, und diese richtete unter dem Ungeziefer ein so fürchterliches Blutbad an, daß der König sie für einen hohen Preis kaufte. Mit dem so erlangten Gelde fing Dick ein Geschäft an und wurde so angesehen, da er seines früheren Herrn reiche Tochter heirathete und zum Lordmayor von London erwählt wurde. — Obgleich diese Tradition wahrscheinlich keinen historischen Grund hat, so hat es doch einen Sir Richard Whittington gegeben, welcher unter der Regierung Heinrichs V. dreimal Mayor von London war.

WILD HUNTSMAN, THE, ist die Uebersetzung des Deutschen: der wilde Jäger. Unter diesem Titel hat Sir W. Scott die Bürgersche Ballade vom wilden Jäger in's Englische übersetzt. Außerdem scheint sich dieselde Sage in England in der Gestalt des Jägers Herne verkörpert zu haben.

Winkle, Rip van, s. Klaus, Peter.

Inhalts-Verzeichniß.

A

B

C

D

E

F

G

S

T

U

V

W

Y

Z

www.ingramcontent.com/pod-product-compliance
Lightning Source LLC
LaVergne TN
LVHW021420110826
845150LV00007B/2015